거듭남에 관한
결정적 대화

New Life in Christ
by Steven J. Lawson

Copyright ⓒ 2020 by Steven J. Lawson
Originally published in English under the title *New Life in Christ*
by Baker Books, a division of Baker Publishing Group,
Grand Rapids, Michigan, 49516, U.S.A.
All rights reserved.

This Korean Edition published by Word of Life Press, Seoul 2022
Translated and published by permission.
Printed in Korea.

**거듭남에 관한
결정적 대화**

ⓒ 생명의말씀사 2022

2022년 8월 29일 1판 1쇄 발행

펴낸이 | 김창영
펴낸곳 | 생명의말씀사

등록 | 1962. 1. 10. No.300-1962-1
주소 | 서울시 종로구 경희궁1길 6 (03176)
전화 | 02)738-6555(본사)·02)3159-7979(영업)
팩스 | 02)739-3824(본사)·080-022-8585(영업)

기획편집 | 유영란, 임선희
디자인 | 조현진
인쇄 | 영진문원
제본 | 보경문화사

ISBN 978-89-04-16804-0 (03230)

저작권자의 허락없이 이 책의 일부 또는 전체를
무단 복제, 전재, 발췌하면 저작권법에 의해 처벌을 받습니다.

거듭남에 관한 결정적 대화

스티븐 로슨 지음 | 김태곤 옮김

생명의말씀사

목차

시작하는 글 인류 역사에서 가장 중요한 대화 6

1. 참된 거듭남 11
2. 힘겨운 탐색, 헛된 노력 29
3. 치명적인 착각 45
4. 하나님의 예정과 주권 63
5. 충격적인 소식 77
6. 거듭난 사람에게 일어나는 변화 93
7. 다시 시작하기 109
8. 정결케 하시는 성령의 사역 123

9. 새 마음과 새 욕구 137

10. 하나님 나라에 들어가는 유일한 길 155

11. 가장 위대한 이적 171

12. 영원한 진리 187

13. 성경에 능통한 불신자 207

14. 구원 얻는 믿음 221

15. 거저 주어진 값비싼 선물 237

16. 둘로 나누어진 세상 255

감사의 글 270

시작하는 글

인류 역사에서 가장 중요한 대화

때로는 짧은 대화가 삶의 경로 전체를 바꿀 수 있다. 그 대화는 곁에 앉은 사람에게 무심히 고개를 끄덕이거나 미소를 짓는 것에서 시작될 수 있고, 2년 후에는(또는 그보다 훨씬 일찍) 당신이 그 사람을 위해 일하거나 그 사람과 결혼할 수도 있다. 혹은 그 대화를 통해 모든 상황에 대한 당신의 관점 전체를 변화시키는 새로운 통찰을 얻을 수도 있다.

그럴 때 당신은 남은 생애 동안 그 대화를 뒤돌아보고 그것이 게임 체인저였다는 것을 깨닫는다. 그것이 비록 과거의 수많은 대화처럼 공손한 말 몇 마디로 시작되었을지라도, 대화가 끝날 즈음에는 당신의 삶이 결코 예전과 같을 수 없음을 알게 된다.

이 책이 바로 당신의 삶에서 그런 대화 파트너가 될 수 있다. 아니, 그렇게 되길 바란다.

어떤 책을 읽을 때 그 책의 저자와 대화를 나누는 것처럼 느껴질 때가 있다. 독자는 저자의 말에 귀를 기울이고 반응하며 침묵으로 저자에게 말한다.

"재미있네요. 조금 더 말해 주세요." 또는 "무슨 말인지 모르겠어요. 설명해 주세요."라고 말할 수 있다.

이 책을 읽으면서 당신은 바로 그런 대화를 나누고 있는 자신을 발견하게 될 것이다. 아울러 이 책에 담긴 대화가 하나가 아니라 둘이라는 것을 알게 될 것이다.

첫 번째는 스티븐 로슨이 당신과 나누기 원하는 대화다. 그는 당신에게 말하길 원한다. 사실 그는 할 말이 많다. 그래서 이 책을 통해 대부분 그가 말을 할 것이다(만일 당신이 그의 말을 들은 적이 있다면, 이 책에서 그의 음성을 확인할 수 있을 것이다). 이 책에 나타난 저자의 대화 방식은 매우 직접적이다. 그는 **당신에게** 말하고 있다. 따라서 이 책을 읽다 보면 당신은 (적어도 속으로는) 그에게 다시 말하는 자신을 발견하게 될 것이다.

그렇게 몇 페이지가 지나면, 첫 번째 대화가 또 다른 대화에 대한 내용이라는 것이 밝혀진다. 그것은 모든 인류 역사에서 가장 중요한 대화이며, 신약성경에서 가장 잘 알려진 말씀을 알려 주는 대화다. 즉 예루살렘에서 유명한 사람이었던 니고데모와 예수님의 대화다. 니고데모는 바리새인이었고, 유대인의 공회인 산헤드린의 회원이었으며, 예수님께서 친히 말씀하셨듯이, 당시의 이스라엘에서 탁월한 신학자였다. 흥미롭게도 예수님께서 그를 찾아 나서신 것이 아니라 그가 예수님을 찾아왔다. 그 이유를 정확히 알 수는 없다. 그러나 곧 그는 예수님도 그를 찾고 계셨다는 것을 알게 되었다. 감동적이다!

이제 당신은 역사적으로 유명한 이야기를 듣게 될 것이다. 그리고 그 이면에서 진행되는 일을 당신이 이해하도록 식견 있는 주석가 스티븐 로슨이 도울 것이다. 또한 치밀한 대화 속에서 예수님과 니고데모가 서로 다르게 향하는 '방향'에 대해 설명할 것이다.

이제 편안한 마음으로 첫 장을 읽을 시간이다. 밤하늘이 어두워질 즈음 시원한 바람에 펄럭이는 겉옷을 입고 예수님이 계신 집에 도착한 니고데모를 마음의 눈으로 보라. 이제 그 둘이 만난다. 그들의 대화가 얼마나 오랫동안 진행되었는지 우리는 알지 못한다. 우리가 아는 것은 니고데모가 결코 그 대화를 잊지 않았다는 것이다. 당신도 결코 잊지 못할 것이다.

이 글은 TV 프로그램을 시작하는 아나운서의 3분짜리 멘트와 같다. 이제 곧 진짜 대화가 시작된다. 탁월한 주해가인 스티븐 로슨이 나머지 대화를 채울 것이다.

싱클레어 B. 퍼거슨
(리폼드 신학교 총장, 리고니어 미니스트리즈 강사)

1.
참된 거듭남

> 영접하는 자 곧 그 이름을 믿는 자들에게는
> 하나님의 자녀가 되는 권세를 주셨으니
> 이는 혈통으로나 육정으로나 사람의 뜻으로 나지 아니하고
> 오직 하나님께로부터 난 자들이니라
>
> 요한복음 1장 12-13절

콜로라도의 어두운 밤, 높이 솟은 장엄한 산맥 아래로 한 십대 소년이 홀로 하나님과 함께하기 위해 소나무들 사이를 걸었다.

방금 전에 그는 물을 포도주로 변하게 하신 예수님에 대한 성경 메시지를 들었다. 2천 년 전에 일어난 이 신성한 이적은 혼인잔치 때 포도주가 동나서 당황했던 가족에 대한 이야기다.

예수님의 모친이 그의 개입을 요청했을 때, 그는 하인들에게 빈 항아리 여섯 개에 물을 채우라고 하셨다. 항아리들을 예수께로 가져갔을 때, 그는 자신만이 할 수 있는 일을 하셨다. 더러운 물을 깨끗하고 거품 있는 포도주로 변하게 하셨다.

포도주를 연회장에게 가져다주었을 때 사람들은 깜짝 놀랐다. 일반적으로 모든 혼인잔치에서는 최상품 포도주가 먼저 제공되고, 사람들이 한껏 마시고 난 후에야 품질이 떨어지는 포도주를 냈다. 하지만 그 잔치에서는 최상품이 맨 나중에 나왔다.

설교자가 말했다.

"예수께서 여러분의 삶에서 하시는 일이 바로 이것입니다. 그분은 죄로 더러워진 여러분의 추하고 침체된 삶을 가장 순수한 최상의 삶으로 변화시키십니다. 이러한 예수님의 이적은 여러분에게 일어나야 하는 새로운 삶에 대한 묘사입니다. 이 일이 여러분 안에서 일어나야 합니다. 여러분은 거듭나야 합니다."

메시지의 결론부에서 설교자는 그곳에 모인 사람들에게 누구와도 얘기하지 말고 각자 밖으로 가서 시원한 여름밤에 자신의 내면을 성찰하라고 권했다. 그리고 이렇게 말했다.

"여러분은 하나님과 함께하고 있습니까? 하나님이 여러분을 내면에서부터 변화시키셨나요? 만일 그런 일이 일어난 적 없다면, 거듭나게 해 달라고 하나님께 간구하세요. 여러분의 삶을 예수 그리스도께 맡기세요."

자기 성찰의 시간

고요한 밤길을 걸으면서 소년은 이 복음의 진리와 씨름했다. 자신의 내면을 들여다보며 생각했다. '나는 하나님과 함께하고 있는 걸까? 어떻게 하면 하나님과 더불어 새로 시작할 수 있을까?'

그는 설교자가 말했던 새 마음을 갖기 원했다. 하늘을 쳐다보면서 예수 그리스도를 신뢰하는 마음을 부추겼다. 그 순간 그의 내면에서 이적이 일어났다. 더러운 물이 포도주로 바뀌었다. 그의 삶이 변했다. 거듭났다. 그 변화는 은혜의 이적이었다. 하나님이 행하신 일이있고, 그분의 영광이 드러났다. 나는 그것이 사실이라는 것을 안다. 그 소년이 변화되었다는 것을 안다. 왜냐하면 내가 바로 그 십대 소년이기 때문이다.

다시 태어나는 이적

"거듭난다"는 말을 들을 때 어떤 생각이 드는가? '다시 태어나는 것'이 무엇인가? 거듭남의 특성은 무엇인가? 삶에서 그런 새 출발이 필요한 이유는 무엇일까? 이것은 주의 깊게 대답해야 하는 중요한 질문이다. '거듭남'보다 더 분명한 진리는 거의 없다. 혼란스러운 가르침 때문에 신자들이 잘 이해하지 못하는 진리가 많은데, '거듭남'이 바로 그런 진리다. 불신자들은 더욱 이해하기 힘들다. 그러나 사람이 하나님 나라에 들어갈 때 이보다 더 중요한 진리는 없다.

거듭남이란 단지 마음이 약간 변화하는 것이 아니다. 영혼의 완전한 영적 개조다. 단순히 무엇이 추가되는 것이 아니라 완전히 새로운 생명을 얻는 것이다. 거듭남은 옛집을 새로 칠하는 것이 아니다. 낡은 페인트를 덮는 것이 아니다. 집을 아예 무너뜨리고 완전히 새로운 구조물을 짓는 것이다. 그런 사람은 온전히 새 피조물이 된다. 옛 생명이 무너지고 새 생명이 세워진다.

거듭남은 영적으로 죽은 우리 마음속에 하나님이 신령한 생명을 심으시는 것을 뜻한다. 그것은 생명을 주시는 하나님의 사역이며, 이를 통해 하나님이 우리를 그분의 가족으로 태어나게 하신다.

거듭남은 성령의 초자연적인 사역을 통해 우리 존재가 극적으로 변화되는 것을 뜻한다. 우리가 새로 태어날 때에는 하나님에 대해서만 살아 있게 된다. 거듭남을 통해 하나님이 우리에게 오직 그분만이 주실 수 있는 새 생명을 주신다.

"하나님께로부터 난" 것

거듭남의 의미를 더 잘 이해하기 위해 나는 "하나님께로부터 난"이라는 문구를 실제로 담고 있는 성경구절을 먼저 고찰하려고 한다. 그것은 요한복음 첫 장에 나온다.

영접하는 자 곧 그 이름을 믿는 자들에게는 하나님의 자녀가 되는 권세를 주셨으니 이는 혈통으로나 육정으로나 사람의 뜻으로 나지 아니하고 오직 하나님께로부터 난 자들이니라(요 1:12-13).

이 구절에서 우리는 "하나님께로부터 난" 것에 대한 비유를 처음 접한다. 하지만 이 구절이 성경에서 가장 먼저 영적 실재를 언급한 곳은 아니다.

거듭남은 구약성경 전반에 걸쳐 마음의 할례(신 30:6), 마음 이식(겔 36:25-27), 영적 부활(겔 37:-10)과 같은 비유들을 통해서도 제시되었다. 그럼에도 불구하고 요한복음 1장 13절은 거듭남에 대한 첫 언급이다. 신약성경의 다른 많은 구절도 이 비유를 사용한다(요 3:3, 5-6; 요일 3:9, 5:1, 4-5, 18).

모두에게 필요한 새로운 시작

요한복음 서두에서 사도 요한은 새로운 영적 생명을 주시는 하나님의 이 은혜의 사역을 언급한다. 이것은 사람이 하나님 나라에 들어갈 때 일어나는 일이다. 이 거듭남이 사람으로 하여금 예수님을 주와 구주로 믿게 한다. 하나님과 함께하는 새로운 시작, 모두에게 필요한 새로운 시작을 하게 한다. 하나님의 이러한 개입은 전격적이고 완전한 삶의 변화로 이어진다.

거듭남은 이전의 공허하고 생기 없는 영혼에 하나님의 생명(신성한 생명, 영원한 생명, 초자연적 생명)을 넣어 준다. 이전에는 공허한 존재일 뿐이었던 영혼에 신성한 생명(진정한 생명, 새 생명, 풍성한 생명)이 창조된다. 그 사람은 처음으로 하나님이 의도하신 삶을 살기 시작한다. 예수님은 "내가 온 것은 양으로 생명을 얻게 하고 더 풍성히 얻게 하려는 것이라"(요 10:10)고 말씀하셨다. 이 거듭남은 사람의 마음속에 창조된 영적 생명으로 인해 하나님을 개인적으로 알게 한다. 이에 동반되는 변화에는 하나님을 향한 새로운 바람과 그분의 말씀을 향한 열정이 포함된다. 간단히 말하면, 하나님께로부터 태어나는 것은 영혼 속의 신성한 생명이다.

하나님 나라에 들어가는 길에는 두 가지 측면이 있다. 하나는 사람의 행위이고, 다른 하나는 하나님의 행위다.

요한복음 1장 12절에서 사도 요한은 하나님의 자녀가 되기 위한 믿음의 단계를 묘사한다. 또한 그리스도를 믿어야 하는 인간의 의무를 언급한다. 그런 다음 13절에서 사람들을 거듭나게 하는 분이 하나님이심을 알려 준다. 두 측면 모두 필수적이다. 이 중요한 진리를 제대로 파악하기 위해, 우리는 이 두 측면이 어떻게 작용하는지 이해해야 한다.

세상은 그를 알아보지 못했다

사도 요한은 요한복음 1장 12절을 '**그러나**'라는 말로 시작한다.* 이는 바로 앞의 문맥과 예리한 대조를 이루는 것을 나타낸다.

앞에서 요한은 예수 그리스도께서 "세상에 계셨으며 세상은 그로 말미암아 지은 바 되었으되 세상이 그를 알지 못하였"다고(10절) 했다.

예수님이 세상의 창조주시지만, 그가 임하셨을 때 그가 지으신 세상은 그를 알아보지 못했다. 죄 없는 인성과 육신을 입으심으로써 그의 영원하신 존재의 장엄함이 가려졌다.

그는 통치하는 군주의 위엄으로 이 세상에 오지 않으셨다. 낮은 종의 모습으로 오셨다.

그는 진실로 하나님이셨지만, 왕의 위엄이 인간의 몸에 가려졌다. 영광의 광채를 제쳐 두고 겸손의 누더기를 입으셨다. 그 결과 불신자들의 눈은 그가 진정으로 누구이신지 알아보지 못했다.

요한은 "자기 땅에 오매 자기 백성이 영접하지 아니하였으나"(11절)라고 설명한다. 예수님이 창조하신 바로 그 세계가 그분을 영접하지 않았다니 얼마나 이상한 일인가.

이는 사람들의 영적인 눈이 그들의 죄로 인해 어두워졌기 때문이다. 그들은 그분을 자신의 창조주이자 구원자로 인정할 수 없었다. 또한

---

* 원서에 인용된 NASB(New American Standard Bible)에는 요한복음 1장 12절이 "그러나"를 뜻하는 "But"으로 시작된다(편집자 주).

그분이 그들이 그토록 오래 기다려 온 메시아라는 것도 알아챌 수 없었다. 그분이 그들의 주권자라는 주장은 영적으로 귀먹은 그들의 귀에 들리지 않았다.

"자녀"의 신성한 권리

그러나 예수 그리스도를 믿는 '남은 자'들이 있었다. 요한은 이렇게 설명한다. "영접하는 자 곧 그 이름을 믿는 자들에게는 하나님의 자녀가 되는 권세를 주셨으니"(요 1:12).

그분을 "영접하는" 자들은 마치 주인이 손님을 따뜻하게 맞이하듯 그분을 자신의 삶 속에 모신다. 이 기쁜 영접은 그분과의 친밀한 관계가 시작됨을 뜻한다.

그리스도는 자신을 믿는 이들 속에 거하기 위해 오신다. "자녀"의 신성한 권리는 하나님을 아버지라 부르며 그리스도와 공동상속자가 되는 것을 포함한다.

이 권리는 예수님을 주와 구주로 영접하는 자들이 그분의 유업을 얻게 해 준다. 이 특권은 매일 필요한 것을 하나님께 풍성히 공급받고 그분의 지속적인 보호를 받는 것을 포함한다.

또한 그것은 장차 하늘나라에서 아버지의 집에 거하게 될 것을 뜻한다.

그 이름을 믿는 것

요한은 예수 그리스도를 영접하는 이들을 "그 이름을 믿는 자들"과 동일시한다(12절). 즉 그리스도를 영접하는 것은 그를 믿는 것과 같다. 예수님을 "믿는" 것은 단지 그분에 관한 사실을 아는 것, 혹은 그가 누구시며 무엇을 하러 오셨는지를 인식하는 것 이상이다. 또한 예수님에 대한 감정을 느끼는 것, 자신의 죄를 깊이 자각하는 것, 그분이 절실히 필요하다는 것을 깨닫는 것, 그가 우리를 죄에서 구해 주실 수 있는 유일한 분임을 인식하는 것 그 이상을 뜻한다.

예수 그리스도를 믿는 것은 자신의 삶을 그분께 맡기는 단호한 의지의 행동이다. 예수님을 믿는 것은 겸손히 순복하는 마음으로 자신의 삶을 그분께 맡기는 것이다. 그것은 주님이신 그분께 자신의 삶을 복종시키고, 그분의 지고하신 권위에 순복하는 것을 수반한다. 그러려면 자신을 부인하고 그분을 따라야 한다. 하나님의 자녀가 된 사람은 예수 그리스도를 믿음으로써 그렇게 한다.

당신은 왜 믿는가?

여기서 중요한 질문이 제기된다. 많은 사람이 예수 그리스도를 믿지 않는데 **왜** 어떤 사람들은 그분을 믿을까? 어떤 사람들은 그분을 거부하는데 왜 어떤 사람들은 그분을 영접할까? 믿는 사람들이 더 명석하기 때문일까? 그들이 더 선하기 때문일까? 그들이 더 영적인 것일까?

이 질문들에 대한 답이 다음 구절에 나온다. "이는 혈통으로나 육정으로나 사람의 뜻으로 나지 아니하고 오직 하나님께로부터 난 자들이니라"(요 1:13). 예수님을 영접해야 하는 사람의 의무를 언급한 다음에 사도 요한은 거듭남에 관한 하나님의 사역을 묘사한다. 거듭나고 구원 얻는 믿음을 얻으려면 하나님의 개입하심이 있어야 한다. 우리 삶에 예수 그리스도를 영접하게 하는 것이 거듭남이다. 그리스도를 믿게 하는 결정적 요인은 "하나님께로부터" 나는 것이다(13절). 이는 우리의 육체적 출생이 아니라 영적 출생을 가리킨다.

이 거듭남은 만물이 새로워질 때 새 하늘과 새 땅이 창조되는 것과 같다. 여전히 우리의 옛 생명의 요소들이 남아 있지만, 우리의 전(全) 존재는 하나님을 영화롭게 하는 새로운 생명으로 즉각적이고도 극적으로 변화된다.

하나님께로부터 난 새 생명

하나님께로부터 난다는 것은 새 생명이 인간의 마음속에서 하나님에 의해 창조되는 것을 뜻한다. 이는 영적으로 죽은 영혼 속에서 하나님의 생명이 잉태되는 것이다. 바울은 거듭나기 전의 상태를 가리켜 "허물과 죄로 죽었던"(엡 2:1)이라고 했다. 즉 불신자는 영적 생명을 상실한 산송장이다.

우리는 이 세상을 죽은 채로 걸어 다닌다. 그러나 거듭날 때 하나님께서 우리 영혼의 텅 빈 진공 속에 새 생명을 불어넣으신다. 이로 인해 우리는 죄의 무덤에서 영원한 생명으로 옮겨진다.

거듭남은 오직 하나님만이 주실 수 있는 완전히 새로운 생명을 가져다준다. 그것은 이 세상이 줄 수 있는 것들과 다르다. 하나님께로부터 내려오는 이 세상 밖의 생명이다.

중생은 이전에 우리가 경험했던 그 어떤 것과도 다른 초자연적 생명을 탄생시킨다.

우리가 거듭날 때, 과거에 죄로 더러워진 영혼이 깨끗해진다. 하나님에 대하여 돌처럼 굳었던 우리의 옛 마음이 제거된다. 그리고 우리의 속사람 안에 부드러운 새 마음이 심긴다. 우리 마음속에서 하나님에 대하여 살아 있는 영적 맥박이 뛴다.

우리의 내밀한 존재 속에 성령이 거하신다. 우리 마음이 하나님에 대해 살아나 그분께 직접 반응한다. 성령이 우리로 하여금 의의 길을 걷게 하신다.

이 거듭남은 삶의 전격적인 변화를 초래한다. 옛것이 지나가고 우리 영혼이 깨끗이 씻긴다. 우리의 새 마음이 죄의 지배력에서 벗어나, 하나님의 일을 추구하는 새로운 욕구를 갖는다.

부정적인 표현과 긍정적인 표현

사도 요한은 이러한 거듭남이 어떻게 일어나는지를 조금 더 구체적으로 설명한다. 세 가지 부정적인 표현과 한 가지 긍정적인 표현을 사용하여 그 의미를 분명히 밝힌다. 먼저 그는 거듭남과 무관한 것을 언급한 다음, 거듭남이 이루어지게 하는 것을 언급한다. 부정적인 표현과 긍정적인 표현을 함께 사용하여 오해의 여지를 남기지 않는다. 하나님 나라에 들어가게 하는 이 배타적인 방식을 받아들이기 어려울 수도 있지만, 그 메시지는 너무도 분명하다.

진리의 양 측면을 언급함으로써 요한은 거듭남이 어떻게 이루어지는지를 간명하게 설명한다. 중생은 양측의 공동 노력이나 동등한 두 당사자의 공동 프로젝트가 아니다. 거듭남은 인간의 마음속에서 일어나는 하나님의 배타적인 사역이다.

혈통으로 나지 않는다

요한의 첫 번째 부정적 표현은 하나님 나라에 들어가는 자들이 "혈통"으로 나지 않았다는 것이다(요 1:13). 자기 가족의 혈통 때문에 하나님의 가족으로 태어나는 사람은 아무도 없다. 우리가 단지 기독교 가정에서 태어났거나 유대인의 피를 가지고 태어났기 때문에 하나님과 올바른 관계를 맺게 되는 것이 아니다. 가족의 혈통은 우리 안에 새 생명을 창조하지 않는다. 우리의 육체적 출신이 우리의 영적 탄생을 위한 자동 촉매제로 작용하지 않는다.

우리가 기독교 가정에서 태어날 수는 있지만, 그것이 하나님의 가족 구성원이 되게 하지는 않는다. 하나님의 자녀는 많지만 하나님의 손자녀는 없다. 우리 부모가 교회의 장로나 집사이고, 우리가 그 교회에서 자랄 수도 있다. 우리의 조부모가 먼 이국에서 선교사로 사역했을 수도 있다. 우리의 증조부가 목사였을 수도 있다. 우리가 교회사에서 유명한 인물의 7대손일 수도 있다. 하지만 이 같은 종교적 계보가 우리를 하나님의 가족이 되게 하지는 못한다.

개인의 노력으로 되지 않는다

또한 요한은 거듭남이 "육정으로" 되는 것이 아니라고 말한다(13절). 이것은 거듭남이 어떤 도덕적 노력의 결과가 아님을 뜻한다. 교회에 다니거나 성경을 알거나 기도문을 암송한다고 해서 되는 일이 아니다. 다시 말해 거듭남은 사람의 선행으로 이뤄지는 것이 아니다. 어떤 종교적 일상을 지속하거나 교회 행사에 참석한다고 해서 하나님 나라에 들어갈 수 있는 것이 아니다.

우리 중 누구도 자신의 육체적 출생을 위해 무언가를 한 사람은 없다. 자신의 어떤 도덕적 능력으로 태어난 것이 아니다. 이 땅에 태어나기 위해 우리가 한 일이 무엇인가? 아무것도 없다. 마찬가지로 하나님의 가족으로 태어나는 영적 탄생을 위해서도 우리가 할 수 있는 일은 아무것도 없다. 자신을 영적으로 잉태시키는 일에 우리가 기여할 수 있는 바가 전혀 없다. 우리 속에 영원한 생명을 창조하는 일에 관하여 우리는 전적으로 무력하다.

개인의 선택이 아니다

또한 요한은 거듭남이 "사람의 뜻"으로 말미암지 않음을 강조한다(요 1:13). 이는 사람이 내리는 그 어떤 선택으로도 스스로 거듭날 수 없음을 뜻한다. 회심하지 않은 사람이 스스로 예수 그리스도를 믿는 것은 불가능하다. 죽은 사람이 무엇을 할 수 있겠는가? 아무것도 할 수 없다. 그 누구도 자신의 출생을 선택하지 못한다. 마찬가지로 자신의 거듭남을 선택할 수 있는 사람도 없다.

어떤 사람이 예수 그리스도를 믿는 것은 자신에게서 비롯되지 않은, 구원 얻는 믿음을 통해서이다. 각 사람의 죽은 마음에 하나님이 먼저 새 생명을 주셔야 한다. 구원 얻는 믿음을 주셔야 한다. 그럴 때에만 우리가 복음에 반응할 수 있다. 하나님이 믿지 않는 우리 마음을 그리스도께로 돌이키셔야 한다. 죽은 우리는 자신을 구원할 능력이 전혀 없음을 인식하고 하나님께 구원을 간구해야 한다.

죄에서 돌이키는 회개도 하나님의 선물이다. 의지적인 작용은 거듭남의 원인이 아닌 결과다. 거듭남과 회심의 모든 측면은 하나님에게서 비롯된다.

오직 하나님의 사역으로

사도 요한은 부정적인 표현을 세 차례 사용한 후 긍정적인 표현을 제시한다. 그는 거듭남이 "하나님께로부터" 오는 것이라고 결론짓는다. 이는 거듭남이 우리 영혼에서 행하시는 하나님의 사역으로만 말미암는다는 뜻이다. 거듭남은 전적으로 하나님의 구원사역이다. 사람이 할 수 없는 일을 하나님은 하신다. 거듭남을 통해 하나님은 예전에 없었던 새 생명을 지으신다. 불임 상태인 우리 마음의 자궁 안에 영적 잉태가 일어나게 하신다. 그리고 새 생명이 출산되게 하신다.

이 신성한 측면에서 볼 때, 사람이 예수 그리스도를 믿게 되는 궁극적 원인은 그의 거듭남 때문임이 분명하다. 거듭남은 복음의 진리를 보는 새 눈이 열리게 한다. 하나님의 말씀을 듣는 새 귀가 열리게 한다. 새로운 심정으로 하나님을 사랑하는 새 마음을 갖게 한다. 믿음으로 그리스도께 나아가는 새 걸음을 딛게 한다. 또한 거듭남은 그리스도를 붙드는 새 손을 갖게 한다.

완전히 새로운 존재

이것은 하나님의 가장 큰 이적이다. 하나님의 신성한 능력을 드러내는 다른 모든 이적보다 더 위대한 것이 거듭남이다.

거듭난 우리는 결코 예전과 같지 않다. 우리는 하나님의 은혜로 말미암은 새로운 피조물이다. 거듭남과 더불어 우리가 예수 그리스도를 닮게 만드시는 하나님의 사역이 시작된다.

이어지는 장에서 우리는 예수 그리스도를 만났던 한 사람(요한복음 3장에 기록되었다)에 대한 이야기를 살펴볼 것이다. 그는 2천 년 전, 예수님의 공생애 시기에 살았던 유명한 인물이다.

우리는 존경받는 종교 지도자였던 니고데모와 그가 찾아갔던 예수 그리스도의 만남에 대해 고찰할 것이다. 이 만남을 탐구하는 과정에서, 하나님이 우리를 거듭나게 하실 때 우리의 삶 속에서 어떤 일을 행하시는지를 보다 분명하게 알게 될 것이다. 하나님의 구원하시는 능력을 올바로 이해하기 위해, 우리는 이 거듭나는 이적에 대해 더 많이 알아야 한다.

다음 페이지로 넘어가기 전에 묻고 싶다.

당신은 이러한 거듭남을 경험했는가?

만일 그렇다면 이 책은 하나님이 당신의 삶 속에서 이미 행하신 일을 명료하게 할 것이다.

만일 당신이 거듭나지 않았다면 계속 읽기 바란다. 이어지는 페이지들이 하나님이 당신의 삶에서 행하셔야 하는 일을 보다 상세히 설명해 줄 것이기 때문이다.

당신은 은혜의 이적이 되어야 한다.

2.
힘겨운 탐색, 헛된 노력

그런데 바리새인 중에 니고데모라 하는 사람이 있으니
유대인의 지도자라

요한복음 3장 1절

거듭나기 전에 나는 여러 방면에서 성취를 모색했다. 청년 때에는 스포츠를 위해 살았다. 일 년 내내 미식축구와 야구와 농구를 했다. 운동경기는 (일시적이긴 했지만) 나를 가장 흥분시키는 분야였다. 나는 경쟁의 스릴과 성취감을 즐겼다. 그리고 박수갈채와 인정을 포함한 운동경기의 모든 것을 추구했다.

당신의 경우와는 다를 수 있다. 거듭나기 전에 당신은 다른 분야에서 행복을 추구했을 수 있다. 그것이 성적인 것이나 음악이었을 수 있다. 친구들이나 여행, 또는 기분을 돋우는 어떤 경험일 수도 있다. 그것이 무엇이든, 당신은 하나님을 찾기 전까지(또는 하나님이 당신을 찾으시기 전까지) 항상 무엇인가를 찾고 있었다.

모두가 찾아 헤매는 것

모든 사람은 자신에게 행복을 가져다줄 것이라고 믿는 것을 찾는다. 자신에게 만족을 가져다줄 것이라고 여기는 그 무언가를 여기저기서 힘들게 찾는다. 그것이 무엇인지는 모른다. 단지 무엇인가가 우리에게 없다는 것은 알고 있다. 우리는 계속 찾고 모색하지만, 이 세상에서는 결코 그것을 찾지 못한다.

관계와 직업

우리는 의미 있는 관계로 그 공허함을 메우려 한다. 특별한 사람을 만난다. 사랑에 빠진다. 결혼한다. 새로운 사람이 내면의 공허함을 메워 줄 거라 기대하며, 그 새로운 교제가 처음에는 그러한 갈망을 만족시켜 준다. 하지만 결국 그 관계는 난관에 봉착한다. 기대감이 충족되지 않는다. 감정이 상한다. 우리가 갈망하는 것을 거기서 찾을 수 없다. 다른 것을 찾아야 한다.

유망한 직업으로 공허감을 메우려 할 때도 있다. 처음에는 새 직업에서 의미를 찾을 수 있다. 직장에서 승진하는 것으로 우리의 내적 허기를 메우려고 시도할 수 있다. 우리는 더 나은 삶을 누리고 싶어 한다. 하지만 곧 자신의 새로운 직위가 더 많은 시간을 요구한다는 것을 깨닫는다. 그 새로운 책무는 까다로운 사장 밑에서 일해야 한다는 것을 뜻한다. 부당한 대우를 받을 수도 있다. 경쟁적인 승진에서 제외된다. 결국 새 직위를 얻기 전보다 더 실망스러운 상태에 놓인다. 그 직업은 우리가 생각했던 것을 제공해 주지 않는다. 우리는 여전히 불안하며 불만스럽다. 결여된 것을 얻기 위해 우리는 다른 곳을 찾아봐야 한다.

소유와 종교

우리는 자신에게 결여된 것을 돈과 소유에서 찾을 수 있다고 생각할 수 있다. 은행 계좌에 더 많은 돈이 있으면 행복할 거라고 생각할 수 있다. 더 큰 집을 사고, 더 유력한 이웃과 함께하면 만족할 거라고 생각할 수 있다. 자녀를 더 좋은 학교에 보낼 수 있는 형편이 되면 만족스러울 거라고 생각할 수 있다. 그러나 우리는 우리가 갈망하는 것을 소유에서 찾을 수 없다는 것을 깨닫게 된다. 다른 방향으로 찾아보아야 한다.

달력에 종교 활동을 잔뜩 기재하는 것으로 내적 공허를 메우기도 한다. 교회 출석을 시작할 수도 있다. 성경 공부에도 참석할 수 있다. 지역사회 자선 활동에 자원할 수도 있다. 처음에는 더 나아지는 것을 느낀다. 일시적으로 양심이 달래진다. 하지만 집단 역학이 변한다. 리더의 위선이 드러난다. 구성원 중 하나가 이중성을 보인다. 분열이 생긴다. 더 이상 그곳에서 참된 만족이 발견되지 않는다. 그래서 우리는 다시 찾아 나선다.

중독과 자신의 가치

누군가는 그 공허함을 파괴적인 중독으로 채우려 할지도 모른다. 마약에 취하려 할 수도 있다. 심한 도박에 빠질 수도 있다. 간음을 행할 수도 있다. 법을 어길 수도 있다. 그것이 무엇이든, 우리는 이런 것들을 통해 정서적 쾌감을 추구한다.

하지만 위태로운 방법으로 급증한 아드레날린은 일시적인 효과를 제공할 뿐이다. 심장이 뛰게 하는 흥분 상태는 다음 날 아침에 수치감을 갖게 할 뿐이다.

이와 같이 일시적이고 허망한 쾌락은 참된 행복에서 더 멀어지게 하며, 더 깊은 좌절과 불안으로 몰고 간다.

자신 안에서 만족을 구하는 것은 최악이다. 우리는 자신을 새롭게 발견하거나 스스로를 위로하려고 시도할 수 있다. 거울을 더 많이 들여다보면서 자신에게 필요한 것을 찾는다고 생각한다. 새로운 정체성으로 자신을 재규정하려고 한다. 소셜 미디어에 새로운 모습을 보임으로써 자신을 재포장한다. 새로운 외적 인격을 채택한다. 하지만 곧 우리는 자신이 해결책이 아니라는 것을 발견한다. 도리어 자신이 문제다. 자신 밖에서 해답을 찾아야 한다. 어디서 발견할 수 있을까?

이런 추구들 중 그 무엇도 우리 영혼의 가장 깊은 갈망을 채우거나 영구적인 참된 만족을 주지 못한다. 단지 바람을 쫓으며 공기를 움켜쥐고 있을 뿐이다. 이런 추구들은 지나친 약속을 제시하지만 그 결과는 기대 이하다. 그것들은 단지 우리의 가장 깊은 열망의 표면을 긁을 뿐이다. 이 유혹적인 길들은 우리를 의미 있는 곳으로 이끌지 않고, 우리에게 진정으로 필요한 것을 채워 주지 못한다.

결코 그럴 것 같지 않은 사람

2천 년 전에 살았던 매우 뛰어난 한 사람도 삶에 결여된 것을 찾기 위해 이처럼 허망한 노력을 했다. 얼핏 보기에 그는 거듭날 필요가 없어 보였다. 그는 철저히 종교적이었으며 매우 성공적인 사람이었다.

겉으로 보기에 도덕적인 것 같았고, 크게 존경받았다. 그는 하나님에 **관해** 많은 것을 알았다. 그의 머릿속은 성경에 대한 지식으로 가득했고, 그 누구보다도 성경을 속속들이 알고 있었다. 그는 영적 리더였으며, 그를 아는 사람 모두가 그를 존경했다. 그의 이름은 니고데모였다.

하지만 이 탁월한 사람은 자신에게 **무엇**인가가 결여되어 있다고 생각했다. 그것이 무엇인지는 알 수 없었다. 그는 모든 면에 부족함이 없어 보였다. 정치적으로 높은 지위에 있었고, 당시의 종교 계급 최고 위치에 올라 있었다. 탁월한 역량으로 존중받았고, 사람들에게 영향을 미쳤다. 사회의 모든 계층이 그를 우러러보았다. 종이든, 법률가든, 다른 종교 지도자든, 그는 그들의 모든 문제에 영적 해결책을 제시했다. 그들은 그가 하나님에 대해 알려 줄 것이라고 기대했다. 성경 해석을 듣기 위해 그를 찾아갔다. 그들은 그가 성경의 뜻을 알려 주기 원했다. 올바로 사는 법에 대한 설명을 듣기 위해 그에게 귀 기울였다.

하지만 니고데모는 다른 누구 못지않게 많은(심지어 더 많은) 질문을 지니고 있었다. 그에 대한 답을 찾기 위해 동분서주했다. 종교에 몰두했다. 의로운 삶을 추구했다.

그러나 그의 공허한 영혼을 채워 줄 수 있는 것을 발견하지 못했다. 그와 같은 허망한 노력이 그를 괴롭히고 있었다. 그를 집어삼키고 있었다.

예수님과의 만남

　니고데모가 대답을 찾기 위해 어디로 가야 했을까? 그는 나사렛 예수에 대해 들었다. 누가 듣지 않았겠는가? 모두가 그분에 대해 들었다. 예수님은 온 나라의 대화 주제였다. 니고데모도 이 순회 교사의 심오한 가르침에 대한 얘기를 분명히 들었을 것이다. 그분의 이적에 대해 들었다. 그는 도처에서 엄청난 무리가 예수님을 따른다는 것을 알고 있었다. 그러한 사실을 알았던 니고데모는 예수님을 **만나야 했다.**

　하지만 그 만남은 비밀리에 이뤄져야 했다. 니고데모는 자신이 예수님을 만났다는 사실이 알려지는 걸 원치 않았다. 그것은 자신의 권위 있는 명성에 어울리지 않는 것 같았다. 그래서 밤의 어둠을 틈타서 은밀하게 만나려 했다. 자신에게 결여된 것을 어떻게든 찾으려 했던 니고데모는 예수님에게서 어떤 통찰을 얻을 수 있을 거라고 생각했다. 단지 그는 예수님이 그에게 올바른 방향을 제시해 주시길 원했다. 그분에게 새로운 통찰이나 조언을 얻을 수 있을 거라고 기대했다. 실제적인 행동 지침들도 얻을 수 있을 것 같았다.

　당신도 대답을 찾고 있는가? 삶의 의미를 찾다가 지쳤는가? 당신의 삶에 결여된 것에 대한 해답을 유일하게 지니신 분을 주목하라. 그분은 생명 자체를 지으신 창조주시다. 예수님께서 니고데모에게 하신 말씀에 귀 기울여 보라. 그것은 바로 당신에게 하시는 말씀이기도 하다.

새 생명이 필요하다

니고데모는 삶에 대한 새로운 관점 그 이상이 필요하다고는 결코 생각하지 않았다. 그에게 필요한 것이 새 생명이라는 생각은 조금도 하지 않았다. 그 종교 지도자에게는 이미 빡빡한 스케줄에 한 가지만 더 하면 되는 것이 아니었다. 그에게 필요한 것은 영적 훈련을 재구성할 새로운 프로그램이나 시간관리 세미나, 또는 새로운 일정이 아니었다.

완전히 다른 무언가가 필요했다. 그것은 타락한 이 세상에서, 또는 무기력한 종교 영역에서 얻을 수 있는 것이 아니었다. 그 종교 지도자에게 필요한 것은 위로부터, 그리고 다른 영역으로부터 와야 했다. 그것은 오직 예수님만이 주실 수 있는 영생이다.

그에게 필요한 것은 거듭남이었다.

니고데모는 자신의 삶을 다시 시작해야 한다고 생각하지 않았다. 완전히 새로운 시작이 필요하다고는 결코 생각하지 않았다.

그는 나름대로 결함 없는 삶을 살고 있다고 자부했다. 다만 그는 자신이 가고 있는 방향으로 계속 나아갈 수 없다는 것을 알고 있었다. 무언가가 변해야 했다.

니고데모는 자신에게 그토록 절실히 필요했던 경험을 곧 깨닫게 될 것이다. 그의 불안한 마음을 달래 줄 유일한 대답을 곧 듣게 될 것이었다.

모든 사람에게 필요한 것

2천 년 전에 니고데모가 찾았던 것은 오늘날 우리에게도 꼭 필요한 것이다.

인간의 본성은 변하지 않았다.

우리에게 필요한 것은 동일하다. 우리에게 필요한 것은 몇 가지 자조적인 지침이 아니다. 성공을 위한 더 나은 삶의 지도나 새로운 사닥다리도 아니다.

우리에게 필요한 것은 오직 하나님만이 주실 수 있는 새 생명이다. 우리에게는 이 세상이 줄 수 있는 것과는 다른 삶이 필요하다. 예전에 경험했던 것과는 완전히 다른 삶이다.

우리에게 필요한 것은 영생이다. 이 새 생명은 거듭남을 통해서만 주어진다.

니고데모와 예수님의 일대일 만남을 살펴보면서, 우리는 자신의 과거에 대한 진실을 발견한다.

거듭나기 전에는 우리도 고대의 그 종교 지도자(니고데모)와 전혀 다르지 않았다.

만일 우리가 그리스도 안에 있다면, 니고데모 이야기를 통해 우리의 예전 삶에 대해 많은 것을 배울 것이다. 오래전에 그 사람이 발견해야 했던 것은 거듭남을 통해 우리의 삶에서 경험하는 내용이다.

공허함에 대한 기억

만족을 찾기 위한 과거의 헛된 노력을 기억하는가?

어떤 것을 획득하려는 노력이든, 아니면 세상적인 성공을 얻으려는 노력이든, 그 노력은 결코 기대하는 바를 가져다주지 않았다. 사회적 지위를 추구하든, 혹은 재정적 목표를 달성하려고 시도하든, 행복을 추구하는 공허한 노력들은 기만적인 유혹일 뿐이었다. 그것은 모두 막다른 골목에 부딪히게 하는 추구였다.

물론 그것이 잠시 만족을 주었던 적도 있다. 하지만 그 만족은 금방 사라졌다. 일시적인 것들은 결코 우리 영혼을 만족시키지 못한다. 우리 영혼은 영원하신 하나님 안에서 만족하도록 지음받았다.

우리의 가장 깊은 열망에 대한 유일한 해결책이 있다. 우리가 어디에 있든, 무엇을 하든, 그 해답은 항상 우리 곁에 있다.

하나님을 바라보는 것이 해결책이다.

그분은 우리를 자신의 형상으로 지으신 분이다. 그분은 우리를 자신과 닮게 만드셨다. 우리는 그분을 알고 경배하며 그분께 영광을 돌리도록 지음받았다.

만일 우리가 삶 속에서 참된 만족을 찾으려면, 하나님과의 개인적인 관계 속에서 찾아야 한다. 그분을 다른 모든 것보다 높일 때 우리는 지속적인 기쁨을 찾을 것이다.

가장 먼저 하나님을 찾으라

제1계명을 가장 중요한 계명으로 제시하셨을 때 하나님은 자신을 가장 우선시하셨다. "너는 나 외에는 다른 신들을 네게 두지 말라"(출 20:3)는 계명이다. 이는 우리 삶에서 하나님께 우선권을 드려야 함을 뜻한다. 하나님보다 더 중요한 존재는 없다. 우리 삶에 있는 그 무엇도 하나님보다 더 우선시될 수 없다. "너는 마음을 다하고 뜻을 다하고 힘을 다하여 네 하나님 여호와를 사랑하라"(신 6:5)는 모세의 당부는 이 점을 강조한 것이다.

구약성경의 시작부터 니고데모가 예수님을 만난 순간까지(그리고 지금 이 순간까지) 하나님은 언제나 내면의 종교를 강조하셨다. 심지어 할례와 같은 구약의 의식들도 늘 하나님께 성별된 마음을 반영하는 것이었다. 모세는 고대의 이스라엘 백성에게 가장 큰 계명을 전해 주었다.

이스라엘아 네 하나님 여호와께서 네게 요구하시는 것이 무엇이냐 곧 네 하나님 여호와를 경외하여 그의 모든 도를 행하고 그를 사랑하며 마음을 다하고 뜻을 다하여 네 하나님 여호와를 섬기고 내가 오늘 네 행복을 위하여 네게 명하는 여호와의 명령과 규례를 지킬 것이 아니냐(신 10:12-13).

슬프게도 유대인들은 마음을 도외시하고 자신의 종교의 척도로 외적 규례를 준수하는 데 초점을 맞추었다. 성경은 하나님이 새 마음을 원하신다고 거듭 밝힌다. 오직 새 마음만이 하나님을 가장 사랑하며 경배할 수 있다.

"너희는 먼저 그의 나라와 그의 의를 구하라 그리하면 이 모든 것을 너희에게 더하시리라"(마 6:33)는 예수 그리스도의 말씀도 바로 이 우선순위를 강조하신 것이다. 이는 우리가 다른 그 무엇보다 하나님을 더 바라야 함을 뜻한다. 우리 심령 속에서 그분을 최우선 순위에 두어야 한다. 우리의 주된 초점이 그분께 맞춰져야 한다. 우리는 이 세상의 자질구레한 것에 마음을 빼앗길 수 없다. 하나님을 우리의 주된 추구 대상과 가장 큰 보배로 삼아야 하며, 다른 그 어떤 유익보다 그분을 갈망해야 한다. 이 세상 왕국을 허망하게 추구하지 않고 하나님 나라의 영원한 복락을 갈망해야 한다.

우리가 가야 할 곳

우리가 하나님을 알게 되면, 우리를 괴롭히는 내면의 공허함이 사라진다. 거듭남을 통해 우주의 창조주께서 우리 속에서 사신다. 생명을 주시는 분이 한때 공허했던 우리 영혼을 당신의 충만함으로 채우신다. 우리는 새 마음을 지닌 새로운 피조물이 되었다. 새로운 욕구들로 가득하다. 우리는 가장 깊은 차원에서 완전히 새로운 존재가 되었으며,

새 열정과 새로운 우선순위를 지녔다. 우리는 새 방향으로 새로운 선택을 하기 시작하고, 크고 작은 모든 결정에서 하나님을 기쁘시게 하길 원한다.

물론 하나님을 모르는 사람들이 매력적으로 보일 수 있다. 그들이 성공한 것처럼 보일 수도 있다. 우리가 그들의 입장을 부러워할 수도 있다. 하지만 그들은 깊은 내면에서 불안해하며 우리가 이미 발견한 것을 찾고 있다. 그들이 아무런 문제없이 잘 사는 것처럼 보일 수 있다. 하지만 그것은 환각일 뿐이다. 그들 내면에는 하나님 외에는 그 무엇이나 그 누구를 통해서도 채워질 수 없는 공허함이 있다. 한때 우리도 그렇게 살았다. 그러나 일단 그리스도를 발견하면 다시는 돌이키지 않는다.

새 생명은 거듭남과 함께 시작된다. 이 신성한 잉태는 우리의 가장 깊은 내면에서 행해지는 신성한 사역이며, 오직 하나님만이 하실 수 있는 일이다. 이 새 생명은 우리 마음속에 계시는 하나님의 초자연적 생명이다.

참된 자아의 변화

거듭남은 단지 우리 삶의 외적 행동이 전환되는 것이 아니다. 단순한 행위가 교정되는 것이 아니다. 단순히 규율을 새로 세우는 것이 아니다. 우리의 스케줄을 조정하는 것이 아니다. 거듭난다는 것은 그보다 훨씬 더 깊은 의미를 담고 있다. 우리 존재의 본질이 가장 깊은 차원에서 근본적으로 바뀐다. 위로부터 난다는 것은 우리 존재의 핵심이 전격적으로 변하는 것을 뜻한다. 세상의 유혹을 좇지 않고, 우리 마음이 영화로우신 하나님을 경배하는 방향으로 나아간다.

거듭남을 경험한 우리는 더 이상 세상이 주는 싸구려 모조품을 추구하지 않는다. 그런 것들은 우리에게 많은 것을 약속하지만 지속적인 만족을 주지 않는다. 우리가 위로부터 날 때 하나님의 의도에 합한 삶이 시작된다. 거듭남을 통해 우리의 허망한 행복 추구가 끝난다. 이 새 생명을 경험할 때, 우리는 자신에게 없던 것을 찾고, 자신이 찾고 있었던 것을 발견한다.

당신은 지금 어디에 있는가?

나는 당신이 이미 거듭났기를 바란다. 만일 그렇다면 당신은 기뻐하며 그리스도 안에서 새 생명을 주신 하나님께 감사해야 한다. 이 책을 계속 읽으면서 당신은 당신을 거듭나게 하신 하나님께 영광을 돌려야 하는 더 큰 이유들을 발견할 것이다. 당신은 거듭남을 통해 하나님이 당신을 위해 행하신 놀라운 일에 대해 더 많이 깨닫게 될 것이다.

하지만 그러한 하나님의 사역이 당신의 삶에 아직 임하시지 않았을 수도 있다. 당신이 예수 그리스도 안에 있는 이 새 생명을 경험하지 못했을 수도 있다. 만일 그렇다면 당신은 니고데모와 같은 상태다. 하나님과의 관계를 모색하는 과정에서 그릇된 방향으로 나아갔다. 당신의 상황이 그러하다면, 이어지는 내용은 당신의 삶에 결여된 것을 드러내며 하나님께 받아야 할 것이 무엇인지를 이해하도록 도와줄 것이다.

 하나님께로부터 주어지는 새 생명이 당신의 영혼 속에서 실재가 되기를 바란다. 당신의 힘겨운 추구가 하나님 안에서 온전한 해답을 찾게 되기를 바란다. 하나님이 당신에게 새 마음을 주시면, 당신은 지금까지 당신의 영혼이 찾으려 했던 모든 것을 발견하게 될 것이다!

3.
치명적인 착각

그런데 바리새인 중에 니고데모라 하는 사람이 있으니
유대인의 지도자라

요한복음 3장 1절

복음을 가까이하기 가장 힘든 사람은 누구일까? 예수 그리스도께로 돌이키기 가장 힘든 사람은 누구일까? 심한 마약중독자나 간음을 일삼는 사람들이라고 생각할 수 있다. 교회에 절대로 출석하지 않는 사람이 거듭날 가능성이 가장 희박한 자라고 말할 수도 있다. 물론 그런 사람들은 복음을 가까이하기가 매우 힘들다.

그러나 복음을 가까이하기 가장 힘든 사람은 자신과 하나님의 관계가 올바르다고 착각하는 사람이다. 그런 사람들의 삶은 대체로 매우 도덕적이다. 어쩌면 그들은 존경받는 종교 지도자이거나 친절하고 자비로운 자선가일지 모른다. 교회나 지역 사회에서 헌신적으로 섬기거나 다른 사람들을 돕는 일에 시간을 들이는 사람일 수도 있다. 자선 사업을 위해 돈을 기부하는 사람일 수도 있다. 하지만 그와 같이 경건한 생활이 그들에게 진정으로 필요한 것을 보지 못하게 한다. 그들은 자신이 거듭나야 한다는 것을 결코 알지 못한다.

종교계에서 주도적인 위치에 있는 사람들은 구원의 메시지가 다른 사람들을 위한 것이라고 생각하기 쉽다. 그들의 눈에 복음은 부정을 저지른 배우자나 부모의 책임을 이행하지 않는 사람들을 위한 것이다. 그들은 하나님의 은혜가 심각한 죄를 범한 자들을 위한 것이라고 생각한다. 물론 그것도 사실이지만, 그들은 복음이 그들 자신을 위한 것임을 결코 알지 못한다. 하나님과의 새 출발이 필요한 사람은 비종교적인 사람이라는 것이 그들의 생각이다.

하지만 그들은 자신의 영적 결핍에 대해서는 무지하다. 이러한 자기 인식 결여로 인해 그들은 복음을 가까이하기 가장 힘든 사람이 된다. 다른 어떤 사람 못지않게 그들에게도 거듭남이 필요하다는 것을 이해하지 못한다.

그들의 문제는 자신이 구원받지 못할 정도로 악하다고 생각하는 것이 아니다. 정반대다. 그들은 자신이 너무 선해서 하나님과 함께하는 새 삶이 필요하지 않다고 생각한다.

내가 바로 그런 사람이었다

기독교 가정에서 자라면서 나는 나 자신과 나의 도덕적 행동을 신뢰했다. 주변의 여러 친구들과 달리 나는 문제를 일으키지 않았다. 몇 차례 어중간한 성적을 받은 것 외에는 부모님의 마음을 아프게 한 적이 없었다. 나는 하나님의 인정을 받는 좋은 사람이라고 자부했다. 나는 교회에 갔다. 사랑하는 가족이 있었다. 동화책에 나오는 것과 같은 삶을 살았다.

하지만 외석으로 받는 좋은 평판은 하나님의 인정을 받기에 충분한 것이 아니었다. 도리어 나는 복음을 가까이하기 가장 힘든 사람이 되어 있었다. 나는 거듭나야 했지만 그 점을 알지 못했다. 동료들의 칭찬을 받았지만, 여느 사람들처럼 나도 거듭날 필요가 있었다.

니고데모와의 만남

니고데모는 당대의 가장 존경받는 사람 중 하나였다. 하나님의 택하심을 받은 나라인 이스라엘에서 최고 단계까지 오른 인물이었다. 그는 명석한 지성과 영적 지식으로 가득한 두뇌를 지녔다. 부도덕한 행실을 멀리했다. 많은 친구들에게 칭찬을 받았다. 그렇게 올바른 사람이 하나님께 새 생명을 받아야 한다고 생각하는 사람은 없었을 것이다. 니고데모도 결코 그렇게 생각하지 않았다. 하지만 거듭남은 그에게 **꼭 필요한 것**이었다.

요한복음 3장은 니고데모와 예수님의 개인적인 만남을 기록한다. 이 흥미로운 기사는 "그런데 바리새인 중에 니고데모라 하는 사람이 있으니 유대인의 지도자라"(1절)는 설명으로 시작된다. 크게 존경받았던 이 사람은 누구인가? 하나님과의 관계에 그토록 자신 있었던 이 사람은 누구인가? 그의 생애를 살펴보면서, 우리는 자신에게 거듭남이 필요하다고 전혀 생각하지 않는 오늘날의 많은 사람들을 보게 된다.

니고데모에 대해 우리가 가장 먼저 알게 되는 것은 그가 바리새인이었다는 사실이다. 이것은 그가 이스라엘에서 최고의 영적 엘리트 그룹에 속해 있었다는 사실을 알려 준다. **바리새인**이라는 말은 '분리된 자'를 뜻하며, 이는 도덕적으로나 사회적으로 분리된 그룹임을 나타낸다. 바리새인들은 타락한 문화의 도덕적 오염에서 벗어난 삶을 추구했다. 바리새인인 니고데모는 이스라엘에서 가장 엄격하고 보수적인 종교 분파의 일원이었다. 종교적으로 니고데모보다 더 보수적인 사람이 없었다. 과도한 근본주의자로서, 그는 주변의 악한 영향으로부터 자신을 철저히 격리시켰다. 자기 주변에 해자(垓字)를 파고 도개교(跳開橋)를 들어 올렸다. 다른 사람들과 거의 교류하지 않았다. 자신의 거룩함을 지키기 위해 오염된 사회로부터 스스로를 격리하는 오늘날의 어떤 사람들처럼, 그의 자기 격리는 자부심의 표현이었다. 그의 문제는 외면이 아닌 내면에 있었다.

니고데모는 이스라엘의 도덕적 기초가 부식되고 있다고 결론지었다. 사실이었다. 보수적인 신앙인으로서, 그는 조국이 영적 뿌리에서 이탈하는 것을 우려했다. 그는 주변 사회의 타락상을 보았다. 그의 그릇된 해결책은 하나님 앞에서 순수함을 유지하기 위해 뒤로 물러나는 것이었다. 진짜 문제가 자기 자신 속에 있다는 것을 거의 깨닫지 못했다. 자신의 내적 부패성을 보지 못했다.

'자기 의'의 잣대

바리새인인 니고데모는 나쁜 사귐이 좋은 도덕성을 더럽힌다고 생각했다. 그런 생각 때문에 주변의 악한 죄인들의 더러운 영향으로부터 자신을 분리시켰다. 세리나 매춘부나 도둑과 가까이 어울리는 사람은 그들의 치명적인 죄에 감염된다는 것이 그의 생각이었다. 어떤 대가를 치르더라도, 그는 사회의 찌꺼기 같은 자들과 접촉하는 것을 피했다. 주변의 추악하고 바람직하지 않은 자들로부터 자신을 격리시켰다.

하지만 자기 의에 빠진 이 지도자는 자신도 내면의 치명적인 죄의 질병에 걸려 있다는 것을 이해하지 못했다. 자신의 부패성을 알지 못했다. 그는 자신이 다른 사람들과 같지 않은 것에 감사했다. 자기 의의 잣대로 다른 사람들을 멸시했다. 니고데모는 바리새인들의 전형이었다. 겉으로는 존경스런 모습이었지만, 내면으로는 공허함을 느꼈다.

자신의 행동을 통제할수록 더욱더 불안해졌다. 그토록 도덕적인 삶을 살았는데 그에게 무엇이 결여된 것일까?

국가적인 지도자

더욱이 니고데모는 "유대인의 지도자(통치자)"였다(요 3:1). 이는 그가 국가 통치 집단이었던 산헤드린의 구성원이었다는 뜻이다. 산헤드린은 이스라엘에서 가장 영향력 있는 집단이었다. 그는 정치적으로 가장 높은 단계에 올랐으며, 국가 권력 구조의 정상에 이르렀다. 모든 사람이 보기에 니고데모는 최고 위치에 도달했다.

산헤드린 구성원은 70명의 고위급 인사들과 대제사장에게만 주어진 자격이었다. 이 특출한 지도자들이 이스라엘의 통치 집단을 형성했다. 그들은 입법적, 사법적 문제에서 궁극적 권위를 행사했다. 당시의 산헤드린은 오늘날 미국의 대법원과 상원을 하나로 결합한 것과 같은 권력 집단이었다. 산헤드린의 모든 판결은 국가 전체에 영향을 미쳤다.

그러나 니고데모가 더 높이 오를수록 잘못된 부분이 더 많아졌다. 지위가 높아질수록, 그는 더 공허해졌다. 더 많은 것을 성취할수록, 그로 인한 즐거움이 적어졌다. 그의 권력과 특권은 한때의 즐거움을 줄 뿐이었다. 세상적인 성공이 주는 기쁨은 덧없는 것이었고 이내 떠나갔다. 그의 성취는 마치 솜사탕을 씹는 것 같았다. 잠시 달콤하다가 곧 사라졌다. 그는 물질세계가 마음의 갈망을 채워 주지 못한다는 것을 발견하고 있었다. 급여가 오르거나 직무를 잘 감당한다고 해서 하나님과의 내적 평안을 얻을 순 없었다. 그에게 결여된 것을 어디서 찾아야 할까?

그의 상황은 당신과도 연관될 수 있다. 어쩌면 과거에 당신은 세상적인 것을 더 많이 얻을수록 그것에 대한 매력을 점점 더 잃었을 수 있다. 그래서 당신은 세상적인 이득과 명성의 공허함을 발견했다. 당신의 현재 상태가 그럴 수도 있다. 만일 그렇다면 당신은 니고데모의 상태와 자신을 연관시켜 볼 수 있다.

성경을 엄격하게 믿는 신자

니고데모는 성경에 대해 매우 보수적인 신념을 지녔다. 바리새인들은 성경을 철저히 문자적으로 받아들이기로 유명하다. 그들은 성경이 하나님의 영감을 받은 것이라고 믿었다. 모든 성경말씀은 하나님의 입에서 나왔다는 것이다. 이는 니고데모가 성경을 액면 그대로 받아들였음을 뜻한다. 다른 바리새인들처럼 그도 세상을 주관하시는 하나님의 주권을 믿었다. 하나님의 예정과 섭리 교리를 지지했다. 통치자들을 주관하고 삶의 모든 부분에 관여하시는 하나님의 섭리를 믿었다. 그는 "왕의 마음이 여호와의 손에 있음이 마치 봇물과 같아서 그가 임의로 인도하시느니라"(잠 21:1)라는 성경말씀을 믿었다. 근본주의자로서 마지막 때의 최종적인 부활을 지지했다. 장차 이 땅에 임할 하나님 나라를 믿었다. 모든 영혼의 영원한 운명(천국에 가든 지옥에 가든)에 대해 흔들림 없는 확신을 지녔다.

완고한 문자주의자

니고데모는 누구 못지않은 정통파였다. 그는 성경을 알레고리화하거나 무리하게 해석하려 하지 않았다. 성경을 문자 그대로 받아들였다. 당시의 자유주의 종교인들이었던 사두개인들과 달리, 그는 초자연적 세계의 실재를 부인하지 않았으며, 천사들과 이적과 부활에 대해서도 의심하지 않았다. 하나님 말씀에 기록된 그대로 믿었다.

니고데모처럼 성경을 믿고 크게 존경받던 지도자에게 하나님께로부터 오는 새 생명이 필요하다고 누가 생각했겠는가? 하지만 그러한 교리들을 받아들인다고 해서 하나님 앞에 올바로 선 것은 아니다. 귀신들도 진리를 믿고 두려워 떤다. 안타깝게도 니고데모는 딱딱하게 굳고 죽은 정통을 지녔다. 그의 머리는 가득 찼으나 마음은 비어 있었다. 지적으로는 하나님에 대해 잘 알았지만 그분을 개인적으로는 알지 못했다. 구원 얻는 믿음이 결여되어 있었다.

오늘날의 소위 종교적인 사람들도 마찬가지다. 단순한 지식이 구원을 보장해 주지 않는다. 공공 봉사나 자선 활동도 마찬가지다. 변화되지 않은 마음이 학식과 공존할 수 있다. 당신도 그런 모습인가?

탁월한 성경 교사

니고데모를 만난 예수님은 그를 "이스라엘의 선생"이라고 칭하셨다 (요 3:10). 주님이 친히 그렇게 인정하셨다. 나라 전체에서 첫째가는 성경 교사임을 인정하신 것이다. 이스라엘에서 그와 같이 높은 명성을 얻었다는 것은 그가 기록된 말씀에 관한 최고 전문가였다는 뜻이다. 그는 율법에 능통했고, 그로 인해 존경을 받았다. 하나님의 교훈을 자세히 파악했다. 탁월한 교사였던 니고데모는 모든 성경구절을 해석함에 있어서 최종적인 권위를 지녔다.

엄청나게 축적된 지식에도 불구하고, 그는 자신에게 거듭남이 필요하다는 사실에 대해서는 영적으로 무지했다. 자신에게 결여된 것을 구체적으로 지적할 순 없었지만, 그의 이력으로 얻은 것 이상의 무엇인가가 필요하다는 것을 알고 있었다. 그가 갈망했던 것은 자신 안에 있지 않았다. 하지만 그는 그것이 무엇인지 몰랐다.

니고데모 자신은 몰랐지만, 그에게 필요한 건 하나님이었다. 오직 하나님만이 주실 수 있는 영적 생명이 필요했다. 방대한 성경 지식에도 불구하고, 그는 하나님 나라에 들어가는 법에 대한 가장 기본적인 진리를 몰랐다. 사람들이 니고데모를 탁월한 성경학자로 추켜세웠지만, 그는 가장 기본적인 복음 진리에 무지했다. 그는 외면적인 종교를 지녔을 뿐 내적인 실재를 갖지 못했다. 영적으로 말하면, 걸어 다니는 시체였다.

생각하기 힘든 사실

니고데모의 동료들 중에는 그가 거듭나야 한다고 생각하는 사람이 하나도 없었을 것이다. 니고데모 자신도 마찬가지였다. 그의 종교적인 생활 모습은 너무도 견고하여 인간의 눈으로 꿰뚫어 볼 수 없었다. 그의 성경 지식이 그가 거듭나지 못했다는 것을 감추어 주었다. 그의 다양한 활동이 그가 하나님과 올바른 관계에 있다는 환상을 강화시켰다. 그래서 다른 사람들이 그의 영적 공허를 감지하기가 너무나 어려웠다. 그러나 존경받는 종교적 간판에 가려진 그의 삶에는 하나님이 계시지 않았다. 안타깝게도 그는 자신이 하나님과 영적 관계를 잘 맺고 있다고 확신했다.

니고데모는 성경에 대한 많은 지식이 있지만 개인적으로는 하나님을 모르는, 그리고 자신이 하나님 나라에 가깝다고 생각하지만 실제로는 너무나 먼 사람의 전형적인 본보기다. 그는 우리가 매우 종교적이어도 버림받을 수 있다는 것을 보여 준다. 오늘날의 많은 사람들이 니고데모와 같다. 우리가 성경을 암송하고, 건전한 교리를 알고, 심지어 다른 사람들을 가르치면서도 하나님과 올바른 관계에 있지 않을 수 있다. 부단히 성취를 모색하는 이 허망한 시도는 오늘날 수많은 사람들이 종교적인 노력을 통해서 경험하는 것이다. 우리는 하나님 앞에 올바로 서기 위해 외적인 도덕성을 추구할 수 있다. 하지만 그와 같은 자기 갱신 노력으로는 우리가 그토록 간절히 원하는 하나님의 인정을 받지 못한다.

덕성의 본보기

니고데모처럼 자기 갱신을 위해 노력하는 사람들은 스스로를 선한 사람이라고 여긴다. 물론 인간적인 차원에서 그들은 훌륭해 보인다. 그들은 성경과 매우 친숙하다. 대화할 때 올바른 어휘를 사용하고, 영적인 말을 하는 것처럼 들린다. 종교적인 예배에 철저히 헌신한다. 다른 사람들이 그들의 덕성을 존경한다. 그러나 하나님께로부터 오는 새 생명이 가장 절실히 필요한 사람들이 바로 그 사람들이다. 그들은 자신에게 결여된 것을 모르고 있을 뿐이다.

그 사람들의 삶은 존경스러운 삶의 본보기로 보인다. 그들은 종종 진정으로 예배하는 참된 신자들과 긴밀하게 교류한다. 성경 공부에 참석하고 다른 사람들과 함께 기도한다. 사역에도 참여하며, 심지어 영적 리더의 위치에 있을 수도 있다. 사람들은 그와 같은 그들의 행동을 높게 평가한다. 그들은 성경의 신성한 기원을 매우 존중한다. 정통적인 신념을 가지고 있다. 성경의 여러 가지 기본 진리들을 확신한다.

하지만 신학적 정통성에도 불구하고, 그들은 자신에게 가장 필요한 것이 없다는 것을 모르고 있다. 그것을 깨닫기는 어렵지만, 그들은 자신에게 가장 필요한 것 한 가지 외에는 모든 것을 가지고 있다. 그것은 바로 영원한 생명이다. 그들은 위험한 상태에 놓여 있다. 그와 같은 자기기만 상태에 놓인 사람들은 거짓 세상에 사는 가짜 신자들이다. 그들은 자신과 하나님 사이가 멀다는 사실을 알지 못한다. 다시 말해 그 사람들은 자신이 하나님을 모른다는 것을 모른다.

여전히 우리 곁에 있는 바리새인들

오늘날의 수많은 사람들이 이와 같다. 그들은 교회에 출석하고 사역 현장에서 봉사한다. 신학교에서 강의를 듣고 설교단에 선다. 영아부에서 봉사하며 주일학교에서 가르친다. 그들은 심각한 죄를 범한 적이 없는 훌륭하고 바른 시민이다. 사업상 지저분한 일에도 가담한 적이 없다. 불공정한 거래에 연루된 적도 없다. 문제 있는 유흥 장소를 기피한다. 순전한 삶을 위해 노력한다.

하지만 공공연한 죄악을 기피함에도 불구하고, 여전히 그들은 내적인 문제를 지니고 있다. 엄격한 종교 생활이 그들에게 꼭 필요한 것을 제공해 주지는 못한다. 도덕성의 얇은 베일이 그들의 죄악된 삶을 가리고 있다. 그들의 영혼은 영적으로 죽은 상태이다. 그들의 많은 것이 개조되고 있지만 거듭나지는 않았다. 엄격한 도덕 규례에 몰두하지만 그들의 마음이 하나님에 의해 변화된 적은 없다. 그들에게 절실히 필요한 것은 영원한 생명이다.

가득 찬 머리, 텅 빈 가슴

수많은 사람들이 이와 같이 스스로를 기만한다. 그들은 교리적인 진리와 성경적인 세계관을 잘 알고 있고, 시민의 본보기라는 평판과 종교적인 명성을 지녔으며, 심지어 교회 지도자의 자리에 앉아 있을 수도 있다. 스스로 보기에 그들은 하나님의 가족 안에서 좋은 위치에 놓였다. 하지만 여기에 서글픈 현실이 있다. 그들은 영원한 생명을 지니고 있지 않다. 매우 도덕적인 이 사람들은 영적 진리에 대한 자신의 지식이 하나님과의 올바른 관계를 보장해 주며, 자신의 여러 활동이 하나님과 관련된 특권적 지위를 갖게 한다고 생각한다. 자신의 선행으로 하나님께 좋은 점수를 얻을 수 있다고 생각한다. 심지어 무의식적으로는 자신이 다른 사람들보다 하나님 앞에서 영적으로 더 나은 위치에 있다고도 생각한다.

그러나 하나님의 거룩한 기준은 그 어떤 사람도 충족시키지 못할 만큼 높다. 그 기준을 만족시키고 구원을 얻을 수 있는 사람은 하나도 없다. 우리 자신의 행위로는 우리 안에 하나님의 생명을 탄생시킬 수 없다. 우리의 개인적인 노력으로는 결코 영적으로 죽은 영혼 속에 영원한 생명을 창조하지 못한다.

필요한 것은 동일하다

우리가 어떤 형편에 처해 있든지, 즉 범죄자이든, 교회에서 훌륭한 위치에 있는 사람이든 필요한 것은 동일하다. 우리는 하나님의 은혜가 필요하며, 그 은혜만이 우리의 텅 빈 마음을 갱신시킬 수 있다. 성경은 이렇게 말한다.

> 우리를 구원하시되 우리가 행한 바 의로운 행위로 말미암지 아니하고 오직 그의 긍휼하심을 따라 중생의 씻음과 성령의 새롭게 하심으로 하셨나니 우리 구주 예수 그리스도로 말미암아 우리에게 그 성령을 풍성히 부어 주사 우리로 그의 은혜를 힘입어 의롭다 하심을 얻어 영생의 소망을 따라 상속자가 되게 하려 하심이라(딛 3:5-7).

모든 사람은 거룩하신 하나님 앞에서 같은 처지에 놓여 있다. 우리는 자신이 거듭나야 한다는 것을 알아야 한다. 하나님의 구원하시는 능력이 미치지 못할 만큼 죄악된 사람은 없다. 그 능력이 필요하지 않을 만큼 선한 사람도 없다.

니고데모가 배워야 했던 진리가 바로 이것이다. 당신도 한때 그런 사람이었을 수 있다. 당신은 한때 자선 기부를 하고, 정기적으로 교회에 출석하며, 심지어 가정 예배를 인도하는 존경받는 사업가였을 수 있다. 혹은 질서 있고 도덕적인 가정을 유지하는 외관상 신실한 배우자와 부모일 수 있다.

아마도 당신은 자신이 하나님과 좋은 관계를 유지하는 사람이라고 생각할 것이다. 어쩌면 당신은 자신의 회심하지 않은 상태를 모르는 채로 살았을 수 있다. 교회에 출석하면서 하나님과의 모든 관계가 좋다고 생각할 수도 있다. 당신은 다른 사람들을 위해 선한 일을 많이 했다. 누구 못지않게 고지식했다.

그러나 당신은 하나님과의 관계에서 스스로 속았다. 자신이 거듭나야 한다는 것을 알지 못하고 살았다.

지금 주님과의 관계에서 자신을 속이고 있지 않은가?

개인적으로는 결코 얻을 수 없는 구원을 지녔다고 생각하고 있지는 않은가?

많은 사람이 마지막 날에 하나님 앞에서 이처럼 끔찍한 현실에 직면할 것이다. 기회의 문이 아직 열려 있을 때 자기 영혼의 상태에 관해 신중히 생각하라.

자기 점검을 위한 시간

어쩌면 당신은 성경의 진리를 많이 알지만 성경에서 말하는 분이 누구신지는 모를 수 있다. 당신의 머리에는 지식이 가득하지만 가슴에는 하나님이 계시지 않을 수 있다. 예수 그리스도에 대한 특정 사실들을 알지만 그분을 향한 믿음은 지니고 있지 않을 수 있다. 부모의 신앙이나 자신이 교회 구성원이라는 것을 의지할 수도 있다.

교회에 다니는데도 예수 그리스도를 믿는 신앙에 이르지 못할 수 있을까? 입으로 예수님에 대한 신앙을 고백하면서도 내적으로는 그분을 배제할 수 있을까? 당신은 정결한 삶을 추구했을 수 있다. 그러나 그 모든 노력에도 불구하고, 당신은 아직 하나님 나라 바깥에 있을 수 있다. 당신에게 필요한 것은 책장에 꽂아 둘 또 한 권의 책이 아니다. 따라야 할 원칙이 하나 더 필요한 것이 아니다. 시간을 투자할 사역이 하나 더 필요한 것도 아니다. 당신은 여전히 하나님이 요구하시는 완전함에 이르지 않았다. 성경은 하나님과의 올바른 관계가 우리의 행위에 의해서가 아니라 그리스도 안에서 하나님이 우리를 위해 하시는 일로 맺어진다는 것을 분명히 밝힌다.

긍휼이 풍성하신 하나님이 우리를 사랑하신 그 큰 사랑을 인하여 허물로 죽은 우리를 그리스도와 함께 살리셨고 (너희는 은혜로 구원을 받은 것이라)(엡 2:4-5).

하나님의 사역이 필요하다

  천국에 들어가는 것은 하나님께서 우리를 위해 하시는 일을 통해서다. 처음부터 끝까지 거듭남은 우리 안에서 행하시는 하나님의 배타적인 사역이다. 우리는 자신을 구원하지 못한다. 예수 그리스도께서 성취하신 일에 우리가 기여하는 것은 하나도 없다. 하나님께서 우리의 죄를 깨닫게 하신다. 하나님께서 우리 각자로 하여금 그분의 완전하신 의를 갈망하게 하신다. 우리에게 그토록 절실하게 필요한 것을 하나님이 거저 주신다. 오직 하나님만이 새 마음을 주시며, 당신과 함께 새 출발을 하게 하실 수 있다.

  이러한 거듭남의 이적이 우리 속에서 이뤄지기 전까지, 우리 각자는 복음을 가까이하기에 가장 힘든 사람으로 살아간다. 자신이 잃어버려진 상태라는 것을 알기 전까지는 그 누구도 구원받지 못한다. 은혜의 필요성을 깨닫기 전까지는 그 누구도 그것을 찾지 않을 것이다. 자신에 대한 나쁜 소식을 알기 전까지는 그 누구도 좋은 소식을 믿지 않을 것이다. 하나님의 개입하심이 없으면, 우리 모두 니고데모처럼 소망 없는 존재이다. 진리를 이해하지만 그 진리의 구원 능력은 경험해 보지 못한 사람일 수 있다. 하나님께서 우리에게 새 마음을 주실 때 그가 우리의 마음을 변화시키시고, 그로 인해 우리는 그분을 사랑하며 그분에게 순종하길 원한다.

  당신의 삶에 이런 일이 일어났는가?

4. 하나님의 예정과 주권

> 그가 밤에 예수께 와서 이르되 랍비여
> 우리가 당신은 하나님께로부터 오신 선생인 줄 아나이다
> 하나님이 함께 하시지 아니하시면
> 당신이 행하시는 이 표적을 아무도 할 수 없음이니이다
>
> 요한복음 3장 2절

예수 그리스도와의 모든 개인적인 만남은 하나님이 정하시고 미리 계획하신 것이다. 그런 만남은 언제나 하나님의 보이지 않는 손의 주권적 개입하심에 따른 것이다.

어떤 사람이 주님과 대면하는 것은 하나님이 정하신 장소와 시간에 이뤄진다. 결코 임의로나 우연히, 또는 맹목적인 운명으로 이루어지는 것이 아니다.

내가 비행기 안에서 설교 준비를 하거나 책을 읽고 있을 때에도 그런 일이 일어날 수 있다. 옆에 앉은 사람이 내가 열심히 하고 있는 일에 대해 묻는다. 거기서 시작된 대화는 그 사람에게 복음을 전하는 기회가 된다.

이런 대화는 우연한 것이 아니다. 그 순간에 나는 주 예수 그리스도에 대해 전할 기회를 제공하시는 하나님의 계획을 감지한다. 이 만남은 오래전에 하나님께서 계획하신 것이고 섭리의 손길로 이루어진다.

하나님의 예정된 계획

밤에 예수님을 찾아갔던 니고데모의 경우도 그러했다. 그 만남을 시도한 것은 니고데모였지만 그것은 임의적인 만남이 아니었다. 이 세상에 시간이 시작되기도 전에 하나님이 정해 두신 만남이었다. 니고데모가 주님을 만나도록 하나님이 정하셨다. 니고데모가 예수 그리스도를 만나러 갈 때가 된 것이었다.

솔로몬은 이르기를, "사람이 마음으로 자기의 길을 계획할지라도 그의 걸음을 인도하시는 이는 여호와시니라"(잠 16:9)고 했다. 우리가 자신의 길을 계획하더라도 그 길을 정하시는 분은 하나님이시다.

또한 잠언은 "사람의 마음에는 많은 계획이 있어도 오직 여호와의 뜻만이 완전히 서리라"(19:21)고 말한다.

사람이 어떤 목적을 지니든, 하나님의 주권적인 뜻이 이루어질 것이다. 이것은 깊고 복잡한 주제지만 엄연한 진실이다. "사람의 걸음은 여호와로 말미암나니 사람이 어찌 자기의 길을 알 수 있으랴"(20:24). 이와 같은 섭리는 우리 머리로 이해할 수 있는 범위를 넘어선 것이다.

예수 그리스도의 십자가 처형이 하나님의 섭리를 보여 주는 대표적인 사례다. 그것은 하나님의 아들을 죽이려고 철저히 계획된 일이었다. 불신자들의 손에 의해 자행된 가장 흉악한 범죄였다.

분명 유다가 예수님을 배신했다. 유대인들이 그분의 죽음을 요청했다. 로마인들이 형을 집행했다.

하지만 그 악한 행동은 "하나님께서 정하신 뜻과 미리 아신 대로"(행 2:23) 된 일이었다.

이 세상의 모든 사건은 미리 정해진 계획에 따라 전개된다. 죄악된 사람들이 악한 의도로 행하더라도, 하나님께서 선을 이루신다(창 50:20).

자신의 아들을 죽음에 내어 준 분은 하나님 자신이다(롬 4:25, 8:32). 내가 (집에서 부모님을 통해) 복음을 처음 접한 것도 하나님의 주권적인 결정 덕분이었다.

하나님의 영원하신 목적에 따라 인간 역사의 모든 사건이 정해진 결말로 향한다. 니고데모와 예수님의 만남도 특별한 계획으로 정해진 일이었다.

밤중의 은밀한 만남

요한은 니고데모와 예수 그리스도의 만남을 이렇게 묘사한다. "그가 밤에 예수께 와서 이르되 랍비여 우리가 당신은 하나님께로부터 오신 선생인 줄 아나이다 하나님이 함께 하시지 아니하시면 당신이 행하시는 이 표적을 아무도 할 수 없음이니이다"(요 3:2). 니고데모가 "밤에" 왔다는 표현은 별 생각 없이 언급된 것처럼 보이지만 요한이 의도적으로 덧붙인 것이다. 여기서 이 점을 언급한 이유가 무엇일까? 거기 담긴 의미는 무엇일까? 세 가지 이유가 두드러진다.

첫째, 니고데모가 밤에 온 것은 자신을 아는 사람들에게 그 은밀한 만남을 숨기기 위해서였다. 니고데모가 예수님께 가서 그분의 가르침을 받는 것은 정치적으로 비난받을 수 있는 일이었다. 만일 사람들이 그 만남을 알게 된다면, 그들은 니고데모의 가르침을 의심했을지 모른다. 그는 이스라엘에서 체면을 잃었을 것이다. 더 이상 이스라엘의 선생으로 인정되지 않았을 것이다.

둘째, 만일 니고데모가 예수님께 가는 것을 본다면, 바리새인 전체의 명성이 손상될 수 있었다. 그들은 소위 영적 엘리트였다. 그 만남이 알려지면 그들의 견고한 명성에 타격이 가해질 것이 분명했다. 바리새인들은 종교적인 수도였던 예루살렘에서 왔다. 예루살렘은 영적 권력 구조의 본산이었다. 그러나 예수님은 예루살렘 출신이 아니었다. 비천한 나사렛 출신이셨다. "나사렛에서 무슨 선한 것이 날 수 있느냐"(1:46)

라는 말이 있을 정도였다. 모두가 나사렛을 멸시했다. 그곳은 이스라엘 중심지와 동떨어진 빈민가로 간주되었다. 바리새인이 나사렛에 간다고 생각하는 사람은 없었다. 그래서 니고데모는 그 은밀한 만남을 숨기기 위해 밤중에 예수님께로 갔다.

셋째, 사도 요한은 더 깊은 의미를 염두에 두고 있다. 요한복음에서 어둠은 하나님에 대한 인간의 영적 무지를 나타낸다. 또한 그것은 습관적으로 죄를 추구하는 삶을 묘사하는 말이다(3:18-20). 니고데모가 밤에 왔다는 것은 그가 죄의 어둠 속에서 살고 있을 뿐 아니라 불신 상태에 있었음을 나타낸다. 그는 영적 무지와 도덕적 부패의 어둠 속에 있는 눈먼 사람이었다. 그는 죄로 어두워진 삶을 살고 있었다. 오늘날의 자기기만적인 죄인과 같은 사람이었고, "세상에서 소망이 없고 하나님도 없는 자"(엡 2:12)였다.

이와 같이 니고데모는 영적 어둠 속에서 살았기 때문에 자신의 영적 부패의 심각성을 이해하지 못했다. 하나님의 개입하심을 통한 거듭남에 대해서도 알지 못했다. 그 시점에서 그가 아는 것은 무엇인가가 결여되어 있다는 사실뿐이었다. 하지만 그것이 무엇인지는 몰랐다. 예수님만이 그것을 알려 주실 수 있었다.

이것은 니고데모만의 딜레마가 아니다. 이 세상에 태어나는 모든 사람이 그와 동일하게 어두운 상태로 태어난다. 우리 모두는 한때 어둠 속에서 악을 즐기며 죄악의 삶을 살았다. 이 책을 읽고 있는 당신의 현재 삶도 그럴 수 있다. 성경은 회심하지 않은 사람은 모두 영적 어둠 속에서 살아간다고 말한다(롬 1:21). 또한 성경은 "이 세상의 신이 믿지 아니하는 자들의 마음을 혼미하게 하여 그리스도의 영광의 복음의 광채가 비치지 못하게 함이니"(고후 4:4)라고 말한다. 모든 불신자는 "그들의 총명이 어두워"졌다(엡 4:18).

존경을 담은 호칭

니고데모는 큰 존경의 뜻을 담은 호칭으로 예수님을 불렀다. "랍비"는 "선생님"을 뜻하는 존칭이다. 이 호칭은 그가 예수님을 모세의 율법을 올바르게 가르치시는 분이라고 인정한 것이다. 대체로 사람들은 니고데모를 "랍비"라고 칭했지만, 이제 니고데모가 예수님을 "랍비"라고 칭한다. 이것은 예수님이 자신보다 훨씬 더 큰 권위를 지니신 선생이라는 것을 인정한 것이다.

사람들은 니고데모를 이스라엘의 탁월한 교사로 여겼지만, 그는 자신보다 더 높은 수준이신 분에게 다가가고 있었다. 니고데모는 예수님의 가르침을 받기 원했다. 예수님이 누구신지에 대해 온전히 알지 못했지만, 그는 예수님이 자신의 마음속에 자리 잡은 영적 공허에 대한 답을 알고 계신다고 생각했다. 예수께서 무슨 말씀을 하시든 그는 경청할 마음이었다. 예수님은 자신이 "진리"라고 주장하셨다(요 14:6). "내가 내 자의로 말한 것이 아니요 나를 보내신 아버지께서 내가 말할 것과 이를 것을 친히 명령하여 주셨으니 나는 그의 명령이 영생인 줄 아노라 그러므로 내가 이르는 것은 내 아버지께서 내게 말씀하신 그대로니라"(12:49-50)라고 확언하셨다. 이 말씀이 사실이라면, 니고데모는 예수님의 가르침에 최대한 집중해야 한다.

니고데모는 한 걸음씩 진리에 가까워져 갔다. 그는 여전히 신앙의 기초를 알지 못했다. 예수님은 하나님께로부터 오신 선생에 그치는 분이 아니셨다. 그는 가르침을 주기 위해 오신 하나님이셨다. 구약의 모든 선지자는 하나님께로부터 보내심을 받았다. 세례 요한도 하나님께로부터 왔다(1:6). 이 시점에서 니고데모는 예수님을 지혜롭고 유익한 가르침을 지닌 여러 선지자 중 탁월한 랍비 한 사람으로 여겼다.

그러나 니고데모는 아직 예수님에 대한 중요한 진리를 깨닫지 못했다. 예수님의 무죄한 인성 속에 영원한 신성이 들어 있다는 것을 알지 못했다. 성육신을 통해 예수님은 천상의 영광을 제쳐 두시고 비천한 종의 모습으로 인간의 육체에 거하셨다. 예수님은 인간의 몸을 입은 하나님이셨다. 하나님이면서 사람이셨다. 신인(God-man)으로서, 그는 죄인들을 구원하시기 위해 오셨다. 잃어버린 자들을 찾아서 구원하는 사명을 감당하러 오셨다(눅 19:10). 니고데모는 자신의 삶을 예수 그리스도의 주권에 복종시켜야 한다는 것을 알지 못했다. 그것을 아직 이해하지는 못했지만, 그는 자신이 찾던 진리를 지니신 분을 제대로 찾아왔다.

영적으로 눈먼 상태

니고데모는 영적인 어둠 속에 있었다. 자기 앞에 서 계신 분이 사람의 몸을 입은 하나님이시라는 것을 알지 못했다. 영원하신 하나님의 아들의 얼굴을 단지 육체적인 눈으로만 보았다. 그는 예수님의 참된 정체성을 인식할 수 없었다. 니고데모는 소경을 인도하는 눈먼 인도자였다. 자신이 오래도록 기다렸던 메시아를 만났다는 것을 인식하지 못했다. 자신이 공부했던 선지서들에 예언된 분이 바로 그분이라는 것을 알아차리지 못했다.

니고데모는 하나님 나라로 이끄는 유일한 문 앞에 서 있었다. 하지만 그는 눈먼 상태였기 때문에 여전히 그 나라 바깥에 있었다. 그의 발이 좁은 문 바로 앞에 도착했다. 하지만 그는 그 문으로 들어서는 결정적인 믿음의 걸음을 옮기지 않았다. 니고데모는 종교 지도자였지만 하나님 나라의 이방인으로 남아 있었다. 은혜에 대해서는 낯선 사람이고 외인이었다.

니고데모는 예수님을 단지 이적을 행하는 종교 교사로만 여겼다. "하나님이 함께 하시지 아니하시면 당신이 행하시는 이 표적을 아무도 할 수 없음"을 인정했다(요 3:2). 예수께서 행하신 모든 이적은 하나님이 그와 함께하심을 나타내는 확실한 증거였다. 니고데모는 그 이적들을 "표적"이라고 지칭했다. 이것은 그 이적들에 영적 의미가 담겨 있다는 것을 이해한 것이다. 그는 예수님께서 권능을 행사하신 이면에 더 큰 의미가 담겨 있다는 것을 알았다. 그것이 무엇이었을까?

예수님이 행하신 각각의 이적은 그가 하나님의 보내심을 받았다는 것을 입증해 주었다. 또한 그분의 권능은 그가 죄 가운데서 멸망해 가는 자들을 구원하러 오셨다는 것을 확증해 주었다. 예수께서 육체적으로 눈먼 자를 고치셨을 때, 그는 자신이 영적 어둠에 처한 자들의 시력을 회복시킬 수 있다는 것을 보여 주셨다. 육체적으로 듣지 못하는 사람을 고치셨을 때, 그는 영적 진리를 이해하지 못하는 자들이 듣게 할 수 있다는 것을 보여 주셨다. 마비된 다리를 치유하셨을 때, 그는 죄인들이 새로운 삶의 길을 걷게 하실 수 있다는 것을 보여 주셨다. 각각의 이적은 예수께서 영원한 생명을 주시는 분이라는 것을 입증했다. 이러한 영생은 니고데모에게 가장 필요한 것이었다.

물을 포도주로 변하게 하심

요한복음 2장에 기록된 것처럼, 예수님의 첫 이적은 가나의 혼인잔치에서 행해졌다. 그것은 혼인잔치의 포도주가 동나서 신부의 가족이 당황하고 있을 때 예수께서 물을 포도주로 변하게 하신 이적이며(요 2:1-11), 나를 회심하게 했던 이야기다.

그때 예수님의 모친이 개입하여 예수님께 오직 그분만이 할 수 있었던 일을 행하시라고 부탁했다. 처음에는 그 부탁을 거절하셨지만, 예수님은 종들에게 여섯 항아리에 물을 채우라고 하셨다. 그들이 물을 채우자, 예수님은 물로 가득한 항아리를 연회장에 가져다주라고 지시하셨다. 그들이 연회장으로 옮기는 동안, 예수님은 그 더러운 물을 가장 순수한 포도주로 변화시키셨다.

죄인을 성도로 변하게 하심

그 이적은 표적이었다(요 2:11). 그 일은 진리를 드러내는 하나님의 권능을 보여 주었다. 다시 말해 그것은 메시지를 담은 이적이었다. 물을 포도주로 바꾸신 것은 물리적인 이적 자체를 넘어 영적 진리를 나타냈다. 그 이적은 사람이 거듭날 때마다 동반되는 하나님의 변화시키시는 은혜를 알려 준 것이다.

가장 큰 이적은 물을 포도주로 바꾸신 것이 아니다. 죄인을 성도로 변화시키시는 것이다. 이와 같은 영적 변화는 누구나 경험할 수 있는 가장 근본적인 변화다.

니고데모가 자신의 삶에 관하여 깨달아야 했던 것이 바로 이것이다. 그는 더러운 물과 같은 상태에서 거품이 이는 포도주 같은 새 사람으로 변화되어야 했다. 그의 내면이 극적으로 변해야 했다. 아담 안에 있던 옛 생명이 그리스도 안에 있는 새 생명으로 바뀌어야 했다. 니고데모처럼 죄로 오염된 사람을 하나님의 의도에 합한 사람으로 변화시키실 수 있는 분은 예수님뿐이다. 니고데모는 아직 깨닫지 못했지만, 그것은 그가 반드시 경험해야 하는 이적이었다.

점검을 위한 질문

하나님 나라에서 당신은 지금 어디에 있는가?

나는 당신이 이미 하나님 나라에 들어가 있기를 바란다. 만일 그렇다면 그것은 하나님께서 하신 일이다. 하지만 당신은 아직 거듭나지 않았을 수 있다. 만일 당신이 하나님 나라 바깥에 있다면 거듭나야 한다.

어쩌면 당신은 세상을 좇았을지 모른다. 공허함을 채우기 위해 종교를 추구했을지도 모른다. 여러 곳을 찾아다녔지만 만족을 주는 것을 발견하지 못했을지 모른다. 교회에 다녔지만 여전히 공허할지도 모른다. 어쩌면 당신은 하나님만이 주실 수 있는 것이 결여되어 있는지 모른다.

여전히 당신 삶의 공허함을 채워 줄 한 가지를 찾고 있는가? 당신이 줄곧 추구해 온 것은 왜 지속되지 못할까? 그러한 추구가 왜 당신을 그토록 불안하게 할까? 당신 안의 공허함을 채울 수 있는 것은 무엇일까?

당신에게 절실히 필요한 한 가지는 무엇일까?

무엇이 결여되었는가?

당신에게 절실하게 필요한 것은 이 세상의 일시적인 즐거움 속에서 발견되지 않으며, 당신이 찾고 있는 것은 당신 안에서 발견되지 않을 것이다.

당신에게 필요한 것은 당신 밖에서 온다. 이 세상 밖에서 온다. 당신이 찾고 있는 대답은 **더 높은 근원**에서 온다. 당신이 추구하고 있는 것은 하나님 안에서 발견되며 오직 그분만이 주실 수 있다.

니고데모처럼 영적 어둠 아래에 숨지 않고 하나님의 아들을 믿는 신앙으로 나아가도록 하나님이 당신을 부르신다.

주 예수 그리스도께 나아가라.

당신에게는 그분이 주시는 생명이 필요하다.

공허한 종교적 올가미에서 돌이켜 예수 그리스도를 아는 구원의 지식으로 나아가야 한다.

오늘 예수께서 당신에게 말씀하신다.

수고하고 무거운 짐 진 자들아 다 내게로 오라 내가 너희를 쉬게 하리라 나는 마음이 온유하고 겸손하니 나의 멍에를 메고 내게 배우라 그리하면 너희 마음이 쉼을 얻으리니 이는 내 멍에는 쉽고 내 짐은 가벼움이라 (마 11:28-30).

절실하게 필요한 것

우리에게 필요한 것은 하나님께로부터 오는 완전히 새로운 생명이다. 우리는 하나님의 형상으로 지음받았다. 그분은 우리에게 육체적 생명을 주신 분이다. 그분만이 우리에게 영적 생명을 주실 수 있다. 오직 하나님만이 우리의 공허한 영혼을 영원한 생명으로 만족시키시고 우리의 죽은 심령에 새 생명을 주실 수 있다. 우리의 내적 존재는 새 마음을 받기 전까지 항상 공허와 불안에 싸여 있다.

당신은 어떠한가? 당신은 무언가를, 혹은 누군가를 절실히 찾고 있는가? 당신에게 필요한 것은 하나님이 주시는 영원한 생명이다. 하나님께서 당신의 영혼 속에 영원성을 심으셨다. 이는 당신의 내적 갈망이 그것을 심으신 분을 통해서만 충족될 수 있다는 뜻이다. 신학자 어거스틴은 "우리 마음은 주님 안에서 쉼을 얻기 전까지 불안하다"고 했다. 그의 말이 옳다. 당신의 영혼이 하나님 안에서 쉼을 얻기 전까지, 당신은 영원히 불안한 상태로 남아 있을 것이다.

이어지는 장에서 나는 예수께서 이 진리를 니고데모에게 어떻게 설명하셨는지 알려 줄 것이다. 당신도 니고데모와 같은 처지에 놓였을 수 있다. 그는 비록 하나님 나라를 볼 수 없었지만 그 나라 가까이에 있었다.

5.
충격적인 소식

> 예수께서 대답하여 이르시되 진실로 진실로 네게 이르노니
> 사람이 거듭나지 아니하면 하나님의 나라를 볼 수 없느니라
>
> 요한복음 3장 3절

예기치 않은 충격적인 소식을 들은 적이 있는가? 말문이 막힐 정도로 놀라운 소식을 들은 적이 있는가? 존재의 중심을 뒤흔드는 충격적인 소식을 들은 적이 있는가?

우리는 종종 기대하지 않았고 받아들일 준비도 되어 있지 않은 상태에서 기대한 것과 정반대의 소식을 듣는다. 그 메시지는 마음의 평정을 모조리 잃게 만들고 말문을 막는다.

나는 마치 트럭에 부딪힌 듯한 충격적인 얘기를 들었던 순간을 결코 잊지 못한다.

나는 아버지와 형제들과 함께 어머니의 병실 앞에서 수술을 받고 나오실 어머니를 기다리고 있었다.

수술을 위해 병실을 나가실 때만 해도 어머니와 우리는 함께 웃었다. 그러나 의사가 병실로 돌아왔을 때에는 분위기가 완전히 바뀌었다. 그는 아버지를 앉게 한 후 감당하기 힘든 얘기를 하겠다고 했다. 암세포가 많이 퍼져 있어서 남은 수명이 몇 달뿐이라는 얘기였다.

예기치 않은 그 소식을 들었을 때 우리는 깜짝 놀랐다. 그 후 아버지와 나는 충격으로 현기증을 느끼며 아무 말 없이 집으로 향했다. 서로 아무 말도 하지 않았다.

그날 밤에 예수께서 불쑥 꺼내신 말씀을 듣고 니고데모가 느꼈던 것도 바로 그와 같이 땅을 뒤흔드는 소식이었다. 그 종교 지도자가 들었던 말씀은 전혀 예상하지 못한 것이었다.

그는 자신이 하나님 앞에 올바로 서 있으며 하나님 나라에서 높은 위치에 놓여 있다고 생각했다. 자신에게 무엇인가가 결여되었다고 생각했지만, 그토록 심각할 거라고는 결코 예상하지 못했다. 이제 그가 듣게 될 말씀은 자신에 대해 믿었던 모든 사실과 정반대되는 내용이었다.

마음을 찌르는 말씀

예수님은 마음을 찌르는 말씀으로 본론을 이야기하셨다. "진실로 진실로 네게 이르노니 사람이 거듭나지 아니하면 하나님의 나라를 볼 수 없느니라"(요 3:3). 존경받았던 그 사람이 하나님 나라를 보려면 **반드시 거듭나야 한다**고 명확하게 밝히셨다. 이 메시지는 마치 1톤의 벽돌처럼 니고데모를 강타했다. 예수님은 니고데모의 삶 전체가 하나님 보시기에 완전한 실패라고 선언하셨다. 삶 전체를 다시 시작해야 한다고 말씀하셨다. 탁월한 교사였던 니고데모는 하나님 나라에 들어가는 참된 길을 전혀 몰랐다.

니고데모는 그와 같은 예수님의 질책이 자신처럼 탁월한 성공을 거둔 사람에게 적용된다는 사실에 충격을 받았다. 자신처럼 성경에 능통한 사람과 하나님과의 관계가 다시 시작되어야 한다는 것은 터무니없는 말씀처럼 들렸다. 그러나 놀랍게도 예수님은 정확히 그렇게 말씀하셨다. 듣기에도 힘들었지만, 그것을 받아들이는 것은 더 힘들었다. 그럼에도 불구하고 그 진리는 자기 의에 빠진 그 사람이 꼭 들어야 하는 것이었다.

니고데모가 예수께 다가갔을 때, 예수님은 그의 질문을 한마디도 듣지 않으시고 곧바로 대답부터 하셨다. 그분은 마치 펼친 책을 보듯이 그의 마음을 읽으셨다. 니고데모의 마음을 꿰뚫어 보시고, 그에게 영적으로 절실히 필요한 것을 예리하게 지적하셨다.

예수님은 자기 의를 추구하는 니고데모의 모든 행위가 하나님의 인정을 받는 데에는 전혀 도움이 되지 않았다고 말씀하셨다. 레이저 같은 통찰력으로 주님은 찬사를 받는 그의 외관 이면의 죄로 얼룩진 마음을 꿰뚫어 보셨다. 예수님은 곧바로 그 종교 지도자의 영혼을 조사하고 그의 영적 파탄 상태를 진단하셨다.

그런 다음 곧바로 최종 평가를 내리셨고, 크게 존경받았던 그 사람의 삶에 무슨 일이 일어나야 하는지를 단언하셨다. 즉 거듭남의 필요성을 역설하셨다. 그것에 대해서는 타협의 여지가 없었다. 니고데모가 하나님 나라를 보려면 **거듭나야** 했다. 그러지 않으면 그는 멸망할 것이었다. 우리 시대에는 자기 의가 여러 형태로 나타날 수 있다. 자신의 도덕성이나 교회 전통이나 정치적 보수성에 대한 신뢰로 나타날 수 있다. 하지만 그와 같이 피상적인 것들로는 구원을 받을 수도 없고, 반드시 있어야 하는 삶의 변화도 일으킬 수 없다.

주목해야 할 사실

그 개인적인 만남에서 예수님은 니고데모에게 직접 말씀하셨다. 그분은 "진실로 진실로"라는 주목을 끄는 표현으로 말씀을 시작하셨다. **"진실로"**에 해당하는 헬라어는 **"아멘"**이며, "그러하다"는 뜻을 지닌다. 즉 예수님은 문자적으로 "아멘, 아멘"(또는 "이것은 사실이다, 이것은 사실이다")

이라고 말씀하신 것이다. 이와 같이 이중으로 강조하신 이유는 니고데모의 관심을 사로잡아서 이어지는 말씀에 귀 기울이게 하시기 위함이었다.

이어서 예수님은 "네게 이르노니"라고 덧붙이셨다. 이것은 직접 대면하여 말씀하셨음을 나타낸다. 마치 지구상에 다른 사람은 아무도 없는 것처럼, 예수님은 니고데모에게 초점을 맞추셨다. 이것은 예수께서 나중에 언급하실 "믿는 자마다"(요 3:16)에게 하신 말씀이 아니었다. 이 말씀은 개인적인 것이며, 구체적으로 니고데모만을 향한 것이었다. 그의 마음 과녁을 직접 겨냥하신 화살이었다.

예수께서 우리에게 말씀하실 때에도 그러하다. 우리가 복음의 부르심을 들을 때, 예수님은 마치 우리가 지구상의 유일한 사람인 것처럼 우리 각자에게 직접 말씀하신다. 하나님은 천국에 들어가기 위해서는 개인 각자가 거듭나야 한다고 요구하신다. 예외는 없다.

최종 평가

이어서 예수님은 니고데모의 영혼의 영적 상태를 평가하셨다. 그것은 다른 랍비들의 평가와 달랐다. 길거리의 여론 조사 결과가 아니었다. 종교 공동체의 조사 결과도 아니었다. 그것은 인간의 몸을 입으신 하나님이 직접 내리신 평가였다. 예수께서 무슨 말씀을 하셨는가?

예수께서 이 땅에서 하신 말씀 중에도 매우 의미심장한 것들이 있다. 이것도 그 말씀들 중 하나다. 니고데모의 생애에서 다른 모든 것은 부차적인 것이다. 하나님 앞에 설 수 있는지의 성패가 여기 걸려 있었다. 이 말씀에 그의 영원한 운명이 달려 있었다.

너무나 놀랍게도 니고데모는 자신이 거듭나야 한다는 말씀을 들었다. 예수님은 그에게 "사람이 거듭나지 아니하면 하나님의 나라를 볼 수 없느니라"(요 3:3)고 말씀하셨다. 마음을 뒤흔드는 이 말씀으로 예수님은 니고데모가 천국에 들어가기 위해서는 거듭남이 절대적으로 필요하다고 강조하셨다. 니고데모가 하나님 나라를 보려면, 영적으로 죽은 그의 영혼이 하나님께로부터 새 생명을 받아야 한다. 그 종교 지도자에게 이보다 더 충격적인 말씀은 없었다.

"거듭나지"라는 말씀에서 "거듭"에 해당하는 헬라어 **"아노덴"**은 원어상 두 가지 의미를 지닌다. 즉 이 단어는 '새로', 또는 '두 번째'를 뜻한다. 예컨대 사도 바울은 "어찌하여 다시 약하고 천박한 초등학문으로 돌아가서"(갈 4:9)라고 말할 때 이 단어를 사용했다. 갈라디아 신자들은 사도 바울의 은혜 가득한 설교를 듣고 회심했다. 하지만 그들은 "다시"(두 번째로) 육신에 거하던 예전의 삶으로 돌이켰다. 마찬가지로 예수께서 니고데모에게 "거듭나야" 한다고 말씀하신 것은 그 종교 지도자가 **두 번째**로 태어나야 함을 뜻했다. 니고데모에게는 육체적인 출생 그 이상이 필요했다. 다시 말해 그에게 필요한 것은 두 번째 출생, 즉 영적 출생이었다.

이 세상 밖의 경험

"아노텐"은 "위"를 뜻할 수도 있다. 이것은 이 세상 위에 있고 이 세상을 넘어선 장소를 가리킨다.

이 두 번째 출생은 "위"로부터, 곧 하나님이 거하시는 하늘로부터 나는 것이다. 요한복음 3장 끝부분에 있는 이 헬라어는 바로 그런 의미로 사용된다. "**위**로부터 오시는 이는 만물 위에 계시고"(요 3:31)에서, 헬라어 **아노텐**은 예수 그리스도께서 **위**로부터 이 세상에 오셨음을 나타낸다.

예수님은 하늘의 높은 곳에서 이 낮은 세상으로 내려오셨다. 그분이 빌라도 앞에 서셨을 때 바로 이 단어를 사용하셨다. "**위**에서 주지 아니하셨더라면 나를 해할 권한이 없었으리니"(요 19:11). 이 구절에서 예수님은 빌라도의 권세가 영원하신 하나님이 거하시는 **위**의 하늘로부터 주어졌음을 선언하셨다.

"거듭"은 다시 태어나는 것의 천상적 기원을 강조한다. 그것은 이 세상보다 훨씬 **더 높은** 곳으로부터 와야 한다.

니고데모는 오직 위로부터 올 수 있는 거듭남을 경험해야 한다. 그의 영적 출생은 자신의 종교 활동이나 선행을 통해 스스로 만들어 낼 수 없는 것이다.

거듭남은 은혜의 보좌로부터 내려와야 한다. 간단히 말하면, 거듭남은 이 세상 밖의 경험이다.

첫 번째 출생의 폐단

거듭나야 한다는 것은 우리의 타고난 죄성 때문에 손상된 첫 번째 출생의 폐단을 신랄하게 지적하는 말이다.

다윗은 "내가 죄악 중에서 출생하였음이여 어머니가 죄 중에서 나를 잉태하였나이다"(시 51:5)라고 말했다. 이는 다윗이 그의 모친의 자궁에 잉태된 것이 죄악된 행동에서 비롯되었다는 뜻이 아니다. 그가 잉태되던 순간에 아담의 죄악된 본성이 그에게 전가되었음을 가르치는 말씀이다.

죄악으로 향하는 현재의 성향이 그의 선조인 아담에게서 전해져 내려왔다. 이것은 다윗에게만 해당하는 것이 아니라 잉태된 모든 사람에게 해당된다.

모든 사람이 죄의 본성을 물려받기 때문에, 어머니의 배에서 나온 우리 모두는 죄악된 행동을 할 수 있다.

다윗은 "악인은 모태에서부터 멀어졌음이여 나면서부터 곁길로 나아가 거짓을 말하는도다"(58:3)라고 말한다. 이는 니고데모가(그리고 모든 인류가) 철저히 부패한 죄의 본성을 지니고 이 세상에 태어났음을 뜻한다.

그 종교 지도자는 태어날 때부터 죄를 추구하고 거짓말을 하는 본성을 지녔다. 거듭남이 그에게(그리고 우리에게) 그토록 필요한 것도 바로 그 때문이다.

전적 부패에 대한 가르침

처음부터 끝까지 성경은 모든 사람의 전적 부패를 가르친다. 이는 우리 영혼이 온전히 죄에 젖어 있다는 것을 알려 준다. 선지자 예레미야는 "만물보다 거짓되고 심히 부패한 것은 마음이라 누가 능히 이를 알리요마는"(렘 17:9)이라고 말한다. 다시 말해 모든 사람의 마음이 악한 욕구에 매여 있다. 죄를 향한 욕구가 인간 본성에 너무도 깊이 자리 잡고 있어서 그 타고난 부패성이 어느 정도인지를 아무도 파악할 수 없을 정도다. 니고데모도 마찬가지였다.

솔로몬은 "인생의 마음에는 악이 가득하여 그들의 평생에 미친 마음을 품고 있다"(전 9:3)고 말한다. 솔로몬은 생의 말년에 자신을 만족시키기 위해 지혜 대신 부와 여자들을 추구했다. 하나님으로부터 멀어진 삶의 허망함과 공허함을 회고하기 위해 전도서를 썼다. 그는 마음의 부패성을 잘 알고 있었다. 앞에 언급한 구절은 모든 사람의 마음이 악으로 오염되어 있음을 가르친다. 육신의 욕망을 추구하는 마음은 광증으로 가득하여 영적 진리를 깨닫지도, 올바른 행동을 취하지도 못한다. 그 누구도 예외가 아니다. 니고데모도 마찬가지였다.

외관상으로 거듭날 필요가 없는 사람이 있다면, 그 사람이 바로 니고데모였을 것이다. 당시의 여러 가지 엄격한 요구에서 특별히 제외될 수 있는 사람이 있다면, 그는 종교성의 귀감이었던 니고데모였을 것이다. 그는 구약성경의 도덕법에 충실했고 하나님의 말씀을 문자 그대로 엄격하게 지키려 했다. 게다가 그는 누구 못지않게 흠이 없어 보였다. 정결함의 롤 모델처럼 보였다. 어머니들은 자신의 아들이 니고데모처럼 성장하기를 원했을 것이다. 자신의 딸이 니고데모 같은 사람과 결혼하길 원했을 것이다. 하지만 니고데모는 엄격히 도덕적이었지만 하나님의 완전한 기준을 만족시킬 수 없었다. 니고데모처럼 선하게 보이는 사람도 거듭나야 한다.

잉태되는 순간부터 치명적인 죄의 독이 이미 그의 모든 인체 속에 스며들고 그의 마음과 감정과 의지를 손상시켰다. 모든 사람은 하나님으로부터 멀어진 상태로 태어난다. 우리는 하나님을 대적하는 성향을 지녔다. 거듭남이 그토록 절박하게 필요한 것도 바로 이 때문이다.

마음의 문제

"속에서 곧 사람의 마음에서 나오는 것은 악한 생각 곧 음란과 도둑질과 살인과 간음과 탐욕과 악독과 속임과 음탕과 질투와 비방과 교만과 우매함이니 이 모든 악한 것이 다 속에서 나와서 사람을 더럽게 하느니라"(막 7:21-23)라는 예수님의 말씀은 그러한 사실을 가르치신 것이다. 인간의 마음은 온갖 종류의 불법적인 죄악으로 가득하다. 사람이 지닌 문제의 핵심은 마음의 문제라는 말이 있다. 우리 주 예수님은 모든 죄의 출처인 마음을 추적하는 진단을 내리신다.

다른 구절들도 이 세상의 모든 사람이 영적으로 죽은 상태라고 가르친다. 바울은 "허물과 죄로 죽었던 너희"(엡 2:1)라고 단언한다. 이는 하나님 나라 바깥에 있는 모든 사람에게 영적 생명이 결여되어 있음을 가르친다. 또한 사도는 중생 전의 모든 사람의 영적 상태를 말하면서 "범죄와 육체의 무할례로 죽었던 너희"(골 2:13)라고 단언한다. 이는 모든 사람이 어머니의 배 속에 영적 생명 없이 잉태됨을 뜻한다. 그러므로 모든 사람은 두 번째 출생을 통해 영적 생명을 받아야 한다.

사람의 도덕적 무능

"사람이 거듭나지 아니하면 하나님의 나라를 볼 수 없느니라"(요 3:3)는 말씀에서 "볼 수 **없느니라**"라는 표현이 주목을 끈다. 예수님은 그에게 거듭나는 것을 허락하라고 말씀하신 것이 아니다. 거듭남은 예수님의 초청에 응하는 것이 아니다. 예수님의 말씀은 니고데모가 의식적으로 거듭남을 도모할 수 있다는 것이 아니다. "볼 수 **없다**"는 말은 니고데모의 도덕적 무능을 강조한다. 자신의 거듭남에 영향을 미칠 힘이 전혀 없음을 나타낸다. 니고데모는 자신이 행하는 그 무엇으로 거듭나서 천국에 들어갈 수 없다. "할 수 없다"는 말과 "허락받지 않았다"는 말의 차이는 엄청나다. 예수님은 니고데모가 스스로 이 영적인 나라에서 태어날 능력을 지니고 있지 않음을 지적하셨다.

앞에서 보았듯이 니고데모는 첫 번째 출생에 기여한 바가 전혀 없다. 마찬가지로 두 번째 출생에도 전혀 기여할 수 없었다. 거듭남은 오직 하나님께서 이루시는 일이다. 우리가 아무리 올바른 사람처럼 보여도, 그 사실이 하나님께로부터 새 생명을 얻게 하는 데에는 조금도 기여하지 않을 것이다.

올바른 진단과 유일한 치유

"올바른 진단이 절반의 치유"라는 말이 있다. 위대한 의사이신 예수님의 올바른 치유가 여기 있다. 그것은 너무도 정확하다. 그 누구도 니고데모에게 그토록 직접적으로 지적한 적이 없었다. 그 말씀을 통해 예수님은 니고데모의 자기 과신을 무너뜨리셨다. 그 진단 하나로 그리스도는 니고데모의 종교적 외관을 허물고 그의 피상적인 위선의 얇은 합판을 뜯어내신 뒤, 하나님과 올바른 관계를 맺고 있다고 착각했던 그의 영적 상태를 드러내셨다.

그 말씀에서 예수님은 니고데모를 다른 모든 사람과 같은 영적 상태에 두셨다. 그는 하나님 앞에서 특별한 위치에 있지 않았다. 비록 종교 체제 안에서는 지도적인 인물이었지만, 그는 거듭나야 했다. 그것은 니고데모가 결코 예상하지 못한 평가였다. 자신이 경멸했던 매춘부나 거지들처럼 영적 파탄 상태에 있다는 진단이었다. 그에게 적용되는 특별한 예외가 전혀 없었다. 천국에 들어서게 하는 곁문도 그에게 제시되지 않았다.

예수님은 거듭남을 강조하심으로써 니고데모가 영적으로 다시 시작해야 한다고 알려 주셨다. 그의 모든 종교 활동이 하나님의 인정을 받는 데에는 아무런 도움이 되지 않았다. 그의 자기 의는 무가치했다. 하나님의 인정을 받기 위해 그가 쌓아 온 것들은 어리석은 자의 황금에 불과했다. 니고데모는 정신을 차려야 했다. 하나님 나라에 들어가는 자격을 얻기 위해 그가 할 수 있는 것은 전혀 없다는 것을 깨달아야 했다.

예수님의 이 날카로운 지적을 들은 니고데모는 심한 혼란에 빠졌다. 이전에는 그와 같은 지적을 들어 본 적이 **결코** 없었다. 그의 영적 출생을 위해 자신이 할 수 있는 일이 아무것도 없었다. 중생하지 못한 그의 냉담한 마음에 새 생명을 넣어 줄 수 있는 분은 하나님뿐이셨다. 니고데모가 스스로 할 수 없는 일을 하나님이 하셔야 했다. 예수님은 니고데모의 영적으로 죽은 영혼 속에 하나님이 새 생명을 잉태시키셔야 한다고 말씀하셨다.

만일 당신이 거듭난 상태라면 하나님 나라에서 태어나게 하신 하나님께 무한한 감사의 찬양을 드려야 한다. 그것은 우리를 그리스도 안에서 다시 살아나게 하시는 이적이다. 하나님이 우리 삶에 개입하셔서, 결코 우리 스스로 할 수 없는 일을 우리를 위해 행하셨다. 모든 그리스도인은 하나님의 전능하신 손으로 만들어진 살아 있는 이적이다.

이 사실은 다른 사람들에게 복음을 전하는 우리에게 큰 격려가 된다. 사람이 아무리 진리를 거부해도, 하나님은 그를 거듭나게 하실 수 있다. 그 누구도 천국에서 태어나게 하시는 하나님의 능력을 벗어나지 못한다. 하나님이 모든 거듭남에 개입하셔서 인간의 마음속에 있는 불신을 제거하신다.

당신은 어떠한가?

당신은 거듭났는가? 이보다 더 중요한 질문은 없다. 어쩌면 당신은 분명한 대답을 못할지도 모른다. 만일 그렇다면 당신 앞에 놓인 예수 그리스도의 가르침을 들어 보라. 만일 당신이 거듭나지 않았다면 하나님께 기도하고 새 생명을 달라고 간구하라.

당신이 아무리 종교적이라도 거듭나야 한다. 당신의 가족 중에 거듭난 사람이 있거나 새 생명을 받은 사람이 있을 수 있다. 당신이 출석하는 교회가 거듭남을 올바르게 가르치는 곳일 수 있다. 심지어 참된 그리스도인들과 교류할 수도 있다. 하지만 그렇다고 해서 거듭나지 않아도 되는 건 아니다. 종교적 입장이나 사회적 위치와 무관하게, 당신에게 가장 필요한 일은 이 거듭남을 경험하는 것이다. 당신의 삶에서 이 영적 부활을 경험해야 한다. 이 초자연적인 이적을 통하지 않고서는 하나님 나라를 볼 수 있는 다른 방법이 없다. 구원으로 들어갈 수 있는 다른 길은 없다. 천국에 들어가려면 위로부터 나야 한다.

신자들에게

만일 당신이 그리스도인이라면 그리스도 안에서 거듭남이 가지는 부유함과 삶을 변화시키는 그 이적을 깊이 생각해 보라. 돌처럼 단단하고 차가웠던 당신의 마음이 영적으로 따뜻해지고 부드러워졌다. 당신의 모든 죄가 사해졌다. 예전에는 죄의 종이었으나, 이제 당신은 그리스도 안에서 새 생명을 지녔다. 그리스도를 사랑하며 섬기는 새 마음을 지녔다. 하나님께서 당신의 마음을 그분께로 돌이키셨고, 당신에게 그의 아들을 믿는 믿음을 주셨다. 당신의 영혼 속에 그런 이적을 행하신 하나님께 영광을 돌려야 한다.

거듭남은 단지 과거의 삶을 개선시키는 것이 아니다. 하나님께서 완전히 새로운 생명을 주셨다. 이전에 경험했던 그 어떤 것과도 같지 않은 생명이다. 이 얼마나 영광스런 진리인가?

6.
거듭난 사람에게 일어나는 변화

> 예수께서 대답하여 이르시되 진실로 진실로 네게 이르노니
> 사람이 거듭나지 아니하면 하나님의 나라를 볼 수 없느니라
>
> **요한복음 3장 3절**

사역 초기에 큰 포부를 품은 어느 젊은 외과의사가 내가 목회하던 도시로 이사 와서 우리 교회에 합류했다.

그는 자신의 첫 의료 행위를 시작하기 위해 장소를 옮긴 것이었다. 그의 소망은 그 주에서 처음으로 심장 이식 수술을 하는 의사가 되는 것이었다.

지극히 예리한 머리와 숙련된 손을 지닌 그 젊은 의사는 생명을 구하는 그 수술을 배우기 위해 세상에서 가장 뛰어난 심장 이식 박사들에게서 수련을 쌓았다.

얼마 후에 그 재능 있는 의사는 쇠약한 심장으로 고통당하고 있던 한 환자를 만났다. 그녀에게 새 심장이 절박하게 필요하다는 진단이 나왔다. 새 심장을 이식받지 못하면 그녀의 수명이 오래가지 못할 것으로 판단되었다.

장기 기증 혜택을 받기 원하는 환자 명단에 그녀의 이름이 올랐고, 장기 기증자의 심장을 받을 수 있는 날이 다가왔다.

의료 팀이 그 심장을 기증자에게서 조심스럽게 확보하여 냉장고 속에 얼음과 함께 넣었다. 그 냉장고는 구급차에 실려 공항으로 옮겨지고, 공항에서 기다리던 전세 제트기를 통해 수백 마일 떨어진 우리 도시로 이송되었다.

비행기가 착륙했을 때, 활주로에는 그 소중한 선물을 받기 위한 구급차가 대기하고 있었다. 심장을 담은 냉장고가 구급차에 실려 신속하게 병원으로 옮겨졌다. 병원에서는 그 의사가 다른 의사 한 명, 그리고 의료 팀과 함께 수술 준비를 하고 있었다.

심장병 환자가 수술대에 누웠다. 얼음 상자가 서둘러 수술실로 옮겨져 죽어 가는 여자 옆에 놓였다.

오래도록 기다리던 순간이 왔다. 건강한 심장을 환자에게 이식할 준비가 되었다.

큰 변화

고도로 훈련된 그 심장병 외과의사는 먼저 죽어 가는 환자의 흉강을 열었다. 필요한 부위를 절개하여 죽어 가는 심장을 제거한 다음 싸늘해진 심장을 따뜻하게 하여 환자의 흉강 속에 넣었다. 그리고 새 심장을 대동맥 및 다른 혈관들과 정확하게 연결시켰다. 심장을 뛰게 하기 위해 전기 충격을 가했다. 갑자기 새 심장이 피를 돌리기 시작했다.

일련의 봉합 과정을 거친 후 그 젊은 의사는 환자의 가슴을 닫았다. 몇 시간, 그리고 며칠이 지나면 수술의 성공 여부가 밝혀질 것이다. 환자는 중환자실로 옮겨졌고, 그녀의 몸이 어떻게 반응하는지 모니터로 세심하게 점검되었다. 얼마 후 수술이 잘된 것으로 판단되었다. 주 역사상 처음으로 심장 이식을 받은 그 환자는 마침내 새 심장을 지니고 집으로 돌아가서 새 삶을 시작했다.

영적인 심장 이식

그 심장 이식 과정은 성경에서 거듭남이라고 부르는 것을 생생하게 연상시킨다.

모든 사람이 죽어 가던 그 환자의 상태에 처한 자신을 발견한다. 우리 모두가 제 기능을 못하는 영적 심장을 지니고 이 세상에 태어난다.

그 심장을 교체해야 할 필요성이 절박하다. 영원히 하나님과 함께 살려면 우리 모두에게 새 심장이 필요하다. 위대한 의사이신 하나님께서 거듭남을 통해 우리의 옛 심장을 제거하시고 새 심장으로 대체하신다.

이 대체가 얼마나 중요할까? 우리 심장과 우리 몸의 관계는 우리의 영적 심장과 우리 영혼의 관계와 같다. 살기 위해서는 둘 다 필수적이다. 우리 육체의 심장이 신체 모든 부위에 피를 공급하듯이, 우리의 영적 심장은 그리스도인의 삶에 필요한 것을 공급한다. 건강한 심장이 우리 몸에 피를 공급하듯이, 새로운 영적 심장은 우리 영혼에 영적 생명을 공급한다.

영적으로 말하면, 우리 마음은 우리의 내적 존재 전체를 포괄한다. 우리 마음은 우리의 진정한 자아다. 그것은 우리의 생각과 감정과 의지를 포함한다. 우리의 생각과 느낌과 선택이 이루어지는 곳이다. 우리 마음은 우리 개성을 담는, 우리 영혼의 동의어다. 그것은 우리 속사람의 중심이며, 우리 삶을 이끈다. 그것은 우리의 가장 깊은 생각과 은밀한 야심과 가장 강한 애착을 담고 있다. 우리의 기본적인 호불호와 정서와 선택 능력을 포함한다. 즉 우리 마음은 우리 존재의 **진면목**이다.

니고데모는 영적인 심장 이식이 절실하게 필요한 사람이었다. 외관상 그의 심장은 완벽하게 작동하는 것처럼 보였다. 영적 박동도 강한 것처럼 보였다.

하나님의 율법을 향한 그의 심장 박동은 완벽했을 것이다. 개인적인 정결을 나타내는 중요한 표지들도 우수했을 것이다. 하지만 예수님은 니고데모의 심장이 절실하게 이식이 필요하다는 것을 알려 주셨다. 새 심장 없이는 새 생명이 불가능하다.

영혼의 위대한 의사이신 예수께서 니고데모에게 그 누구도 말하지 않았던 것을 말씀하셨다. 그의 모범적인 도덕성과 진지한 종교적 노력에도 불구하고 예수님은 그에게 거듭남의 이적을 통해 그가 **새 심장을 받아야 한다**고 단도직입적으로 말씀하셨다.

새로운 시작을 위한 새 마음

거듭남을 통해 하나님은 삶의 새로운 출발을 위한 새 마음을 주신다. 하나님의 이러한 사역은 당신이 경험할 수 있는 가장 적극적인 삶의 변화를 초래한다. 거듭남은 우리의 옛 마음을 새 마음으로 대체한다. 예전에 우리는 하나님을 향한 마음을 갖지 않았다. 우리 안에는 영적인 생명이 없었다. 하지만 두 번째 탄생이 하나님을 향한 새 마음을 심어 주었고, 그로 인해 우리의 죽은 영혼 속에 영원한 생명이 주어졌다. 거듭남은 우리의 깊은 존재 속에 완전히 새로운 생명이 태어나는 것이다. 오래전에 하나님은 에스겔 선지자를 통해 이 마음(심장) 이식을 약속하셨다.

맑은 물을 너희에게 뿌려서 너희로 정결하게 하되 곧 너희 모든 더러운 것에서와 모든 우상 숭배에서 너희를 정결하게 할 것이며 또 새 영을 너희 속에 두고 새 마음을 너희에게 주되 너희 육신에서 굳은 마음을 제거하고 부드러운 마음을 줄 것이며 또 내 영을 너희 속에 두어 너희로 내 율례를 행하게 하리니 너희가 내 규례를 지켜 행할지라(겔 36:25-27).

이 옛 예언에서는 하나님이 친히 화자가 되셨다. 그분은 거듭남의 진리를 매우 상세히 묘사하신다. 이 사역을 통해 죄로 오염된 사람의 영혼을 맑은 물로 정결케 할 것을 선언하신다.

이 영적 씻음은 성령의 내적 정화를 나타낸다. 그분은 오래도록 영혼을 더럽혀 온 도덕적 오물을 모조리 제거하신다. 그분을 향하여 돌처럼 굳어진 마음을 제거하신다. 이 옛 마음은 영적 생명이 없이 죽은 상태였다. 하나님께 반응할 수 없고 그분을 사랑하지도 않았다.

그 대신 하나님은 이제 자신을 향하여 살아 있는 부드러운 새 마음을 심으신다. 그것은 하나님과 그의 아들 예수 그리스도를 향한 강력한 심장 박동(기운찬 영적 맥박)을 지녔다. 또한 하나님은 그분의 영(성령)이 새 마음에 영원히 거하게 하신다. 성령께서 마음속 깊이 역사하셔서 그 사람으로 하여금 하나님을 사랑하는 새 걸음을 걷게 하시며 하나님 말씀에 순종하게 하신다.

하나님께로부터 오는 새 마음

이것은 모든 사람에게 필요한 새 마음이다. 거듭나는 이적을 통해 모든 것이 새로워진다. 성경은 이르기를, "그런즉 누구든지 그리스도 안에 있으면 새로운 피조물이라 이전 것은 지나갔으니 보라 새 것이 되었도다"(고후 5:17)라고 한다. 이 새 마음은 하나님을 향한 새로운 애착과 갈망을 지녔다. 예수 그리스도를 위한 새로운 우선순위와 새 열정을 지녔다. 이 새 마음은 하나님께 영광을 돌리는 새 야망을 지니고 새 방향으로 향한다.

거듭남은 하나님께서 우리의 옛 마음을 제거하시고 과거를 떨쳐 버리게 하시는 것이다. 우리는 더 이상 과거의 악이나 불신에 지배되지 않는다. 하나님께서 과거에 지은 우리의 모든 죄를 깨끗이 제거하신다. 우리는 더 이상 죄로 말미암은 하나님의 정죄 아래에 있지 않다(롬 8:1). 하나님은 우리가 한때 지녔던 옛 마음을 묻어 버리신다. 우리의 존재는 더 이상 옛 자아가 아니다. 거듭남은 우리가 그리스도 안에서 완전히 새로운 사람이 되면서 이 새 마음을 받게 되는 것이다. 새 날이 밝았다. 밝은 미래가 열리고 있다.

그리스도 안에 있는 이 새 생명은 주님 안에 있는 새 기쁨, 그의 말씀에 대한 새 순종, 그리고 다른 신자들을 향한 새 사랑을 일으킨다. 그것은 잘못을 인식하는 영적 분별력을 주며, 새롭게 의를 추구하게 한다. 또한 그리스도 안에 있는 새 생명은 구원의 확신을 갖게 하며,

하나님의 뜻에 따라 응답받는 기도를 드리게 한다. 그 생명은 인간 존재의 모든 면을 변화시키고 내면에서부터 철저히 변화된 삶을 살게 한다.

하나님을 사랑하는 새 마음

첫째로, 거듭남은 하나님을 사랑하는 새 마음을 갖게 한다. 사도 요한은 "하나님을 사랑하는 것은 이것이니 우리가 그의 계명들을 지키는 것이라 그의 계명들은 무거운 것이 아니로다"(요일 5:3)라고 말한다. 우리의 옛 마음은 하나님을 향하여 딱딱하게 굳었다. 영적으로 죽은 돌 같은 마음이었다. 하나님의 진리에 대한 역동적인 맥박이 뛰지 않았다. 하나님의 일들에 반응을 보일 역량을 갖지 못했다. 하나님을 향한 참된 사랑이 없는, 영적으로 죽은 상태였다. 더욱이 우리의 옛 마음은 하나님에 대하여 중립적이지 않고, 그분을 거역했으며, 심지어 대적했다. 우리의 옛 자아는 하나님의 권위와 그분의 율법이 요구하는 바를 거부했다. 한때 우리는 자신의 죄악 욕구와 이 덧없는 세상의 것들을 추구하는 사람이었다.

그러나 거듭남을 통해 하나님이 우리 안에 새 마음을 심으셨다. 이 두 번째 마음은 하나님을 향한 새로운 사랑을 갖게 한다. 이 변화된 마음은 하나님 나라를 향한 새로운 욕구를 지녔다. 이 마음은 하나님의 진리를 향한 새로운 사랑으로 고동치며, 하나님의 뜻에 순종한다. 이제 우리는 하나님께서 사랑하시는 것을 사랑하고 그분이 거부하시는 것을 거부한다. 다시 말해 우리는 한때 거부했던 것을 사랑하며 한때 사랑했던 것을 거부한다.

하나님을 아는 새 마음

둘째로, 거듭남은 하나님이 누구신지, 그리고 그분이 우리 삶에서 어떻게 역사하시는지에 대해 올바르게 생각하는 새 생각을 갖게 한다. 사도 바울은 이렇게 말한다.

너희는 유혹의 욕심을 따라 썩어져 가는 구습을 따르는 옛 사람을 벗어 버리고 오직 너희의 심령이 새롭게 되어 하나님을 따라 의와 진리의 거룩함으로 지으심을 받은 새 사람을 입으라(엡 4:22-24).

이와 같은 새 생각은 자신에 대해, 그리고 하나님과의 관계에 대해 올바른 평가를 하게 한다. 예전에 우리는 하나님을 무시하면서 살았다. 영적 어둠 속에 살면서 성경에 기록된 신성한 진리들을 파악할 수 없었다. 복음이 어리석은 것으로 여겨졌고, 죄로 손상된 우리 생각에 아무런 의미를 지니지 못했다. 하나님의 진리가 이해되지 않았다.

그러나 거듭남은 하나님을 알게 하는 새 생각을 갖게 한다. 그것은 그리스도의 마음을 갖게 하여 그분처럼 영원한 관점에서 생각하게 한다. 거듭남은 완전히 새로운 사고방식을 갖게 하고, 우리 자신의 삶을 하나님의 시각으로 보게 한다. 이 새로운 시각은 하나님 나라의 진리를 완벽한 시력으로 보게 하는 안경과 같다. 우리는 세상을 있는 그대로 보며, 하나님께서 우리 삶을 위해 마련하신 좁은 길을 볼 수 있다.

또한 우리는 새로운 이해력으로 하나님의 말씀을 볼 수 있다. 신성한 진리가 우리 삶에 어떻게 연관되는지 본다. 한때 하나님을 알지 못하고 어둠 속에서 살았지만, 이제 우리는 진리를 안다.

하나님을 믿는 새 마음

셋째, 거듭남은 하나님의 기록된 말씀을 믿는 새 마음을 갖게 한다. 이 새 마음은 "모든 성경은 하나님의 감동으로 된 것으로 교훈과 책망과 바르게 함과 의로 교육하기에 유익하니"(딤후 3:16)라는 진리를 받아들인다. 예전에 우리는 불신 가운데 살았으며, 진리를 받아들이지 못했다. 성경에 기록된 하나님의 말씀을 믿지 못했다. 성경의 진실성에 의문을 제기했다. 성경의 가르침을 의심했다.

하지만 거듭남은 하나님의 말씀을 믿는 새 마음을 갖게 한다. 우리는 성경에서 하나님이 말씀하시는 것을 받아들일 수 있다. 이제 우리는 하나님의 말씀의 의미를 분간한다. 새 마음은 성경말씀의 메시지를 이해하게 하며, 성경말씀을 본능적으로 신뢰하게 한다.

하나님을 찬양하는 새 마음

넷째, 거듭남은 하나님을 찬양하는 새 마음을 갖게 한다. 우리의 옛 마음은 자신에게만 몰두했다. 솔로몬은 "네가 스스로 지혜롭게 여기는 자를 보느냐 그보다 미련한 자에게 오히려 희망이 있느니라"(잠 26:12)고 말했다. 우리의 옛 마음은 자기중심적이고 자기기만적이었다. 하나님께 속한 영광을 가로챘고 자기 자신을 찬양했다. 자신이 행한 선한 일들에 대한 찬사와 영광을 자신에게 돌렸다. 지고하신 하나님을 인정하지 않고 자신을 위한 영광을 쌓았다.

그러나 거듭남이 우리의 삶을 극적으로 변화시켰다. 우리의 새 마음이 하나님을 찬양하기 시작했다. 우리 입에서 하나님을 높이는 새로운 말들이 나오고, 우리 입술에서 건전한 말이 흘러나온다. 더 이상 자신을 추켜세우지 않는다. 자신을 추켜세울 경우에는, 그 잘못을 깨닫고 회개한다. 더 이상 예전처럼 다른 사람들을 끌어내리는 말을 하지 않는다. 그렇게 했을 때에는, 가책을 느끼고 회개한다. 예전에 이기적인 말만 내뱉었던 입에서 하나님을 높이는 찬양이 흘러나온다. 자신을 겸손하게 낮추고 하나님의 이름을 높이는 말을 한다.

하나님께 순종하는 새 마음

다섯째, 거듭남은 하나님께 순종하는 새 길로 나아가는 새 마음을 갖게 한다. 예수님은 "너희가 나를 사랑하면 나의 계명을 지키리라"(요 14:15)고 말씀하셨다. 우리의 옛 마음은 하나님 말씀에 불순종하는 넓은 길로 향했다. 그 길은 죄악된 방종과 육신의 쾌락으로 포장되어 있다. 예전에 우리는 이 세상의 경로를 따라 행했다(엡 2:2). 한때 우리는 많은 사람들과 더불어 파멸로 나아가는 넓은 길로 행했다. 지옥으로 향하는 그 여정에서 우리는 하나님을 거부하고 자기 자신을 섬겼다. 우리는 어둠 속을 걸었고 거룩함을 추구할 마음이 없었다. 진리를 미워하는 자들과 동행했으며 세상의 거짓을 사랑하는 자들과 불법 거래를 했다.

하지만 거듭남은 완전히 새로운 길로 향하는 새 마음을 갖게 했다. 우리의 새 마음은 한때 걸었던 넓은 길을 떠나게 한다. 기존의 틀에서 벗어나 더 이상 이 세상의 흐름을 따르지 않는다. 우리는 이제 이 세상 시스템의 번잡함에서 벗어나 완전히 새로운 방향으로 향한다. 새 목적지를 바라본다. 하나님께 순종하는 좁은 길을 걷는 새로운 무리와 동행한다. 세상은 우리 뒤에 놓이고 하늘이 우리 앞에 있다.

거듭남은 우리의 삶을 전적으로 변화시킨다. 우리 안에 새 생명이 창조되는 것은 우리의 가장 깊은 내면에서 일어나는 일이다. 거듭남은 우리 존재에 근본적인 변화를 유발하며, 우리 영혼에 땅을 뒤흔드는

지각 변동을 일으킨다. 우리는 말 그대로 그리스도 안에서 새 사람이 된다. 옛 사람은 장사되어 더 이상 우리를 지배하지 않는다. 옛 생명은 옛날의 역사일 뿐이다. 하나님 안에서 새 생명이 시작되었다. 이제 우리는 그리스도 안에 살아 있으며, 모든 걸음을 인도하시는 분을 따라간다.

당신의 마음은 어떠한가?

어쩌면 당신은 니고데모가 처했던 곳에 있을지 모른다. 당신에게 새 마음이 필요하다는 것을 아직 이해하지 못할 것이다. 당신의 내면은 왠지 불안하다. 이 세상 것들로 만족하지 못한다. 아마도 당신의 삶에 결여된 것을 찾고 있을 것이다.

만일 그렇다면 당신은 니고데모에게 필요했던 것(새 마음)이 필요한 것이다. 당신이 영적인 심장 이식을 받을 수 있는 유일한 방법은 거듭남을 통해서다. 그럴 때에만 삶을 새롭게 시작할 수 있다.

다른 어떤 것도 당신 마음의 가장 깊은 갈망을 채워 주거나 평안을 가져다주지 않을 것이다. 피조된 모든 것은 창조주의 위대함을 반영하도록 설계되었다.

당신이 경배하고 의지할 만한 분은 오직 그분뿐이다. 그분만이 당신을 거듭나게 하실 수 있다. 이 세상의 부와 번영이 제시하는 거짓 약속들을 뒤로 밀쳐라. "그런즉 너희는 먼저 그의 나라와 그의 의를 구하라 그리하면 이 모든 것을 너희에게 더하시리라"(마 6:33).

당신은 이미 하나님께 새 마음을 받았는가?

그렇다면 당신의 삶 속에서 일어난 이 신성한 변화에 대해 더 많이 배우고, 당신을 구원해 주신 하나님을 즐거이 찬양하라.

만일 이 천상적인 거듭남을 경험하지 못했다면, 이어지는 내용은 당신에게 꼭 필요한 것들을 알려 줄 것이다.

극적인 변화

만일 당신이 거듭났다면, 당신의 삶에서 일어나는 극적인 변화를 반드시 보게 될 것이다.

당신은 더 이상 예전의 모습이 아니다. 그리스도 안에서 새 사람이 되었다. 당신은 죄 사함보다 훨씬 더 많은 것을 받았다. 영혼의 가장 깊은 곳에서 당신을 변화시키는 새 생명을 실제로 받았다. 그 누구보다, 혹은 이 세상의 어떤 것보다 더 하나님을 사랑하는 마음을 이식받았다. 당신은 하나님께 순종하며 더 이상 자신이 바라는 길로 행하지 않는 새 마음을 받았다.

뿐만 아니라 당신은 더 이상 **하나님에 대해** 아는 것으로 만족하지 않고 **그분을** 알기 원하는 새 욕구를 받았다. 하나님을 믿고 날마다 하나님의 말씀을 의지하는, 그리고 더 이상 자신에게 관심을 집중하지 않고 하나님을 찬양하는 새 마음을 받았다.

  만일 당신이 거듭났다면, 그것은 하나님이 일으키신 초자연적인 변화다.

7.
다시 시작하기

니고데모가 이르되 사람이 늙으면 어떻게 날 수 있사옵나이까
두 번째 모태에 들어갔다가 날 수 있사옵나이까

요한복음 3장 4절

당신이 평생 믿어 온 어떤 일이 잘못된 것이라는 말을 들은 적이 있는가? 잘못된 방향으로 행하는 데 당신의 소중한 시간과 에너지를 허비해 왔다는 말을 들으면 얼마나 허탈하겠는가?

지금까지 당신이 아무것도 이루지 못했다는 지적을 받았다고 생각해 보라. 온갖 노력을 기울였음에도 불구하고 내세울 것이 하나도 없다면 어떤 심정이겠는가?

힘들게 번 돈을 쏟아부어서 만든 회사가 예기치 않게 파산했을 때 투자자가 느끼는 심정이 바로 그러하다. 그 회사에 자본을 투입한 지 여러 해가 지난 후에도 그들은 아무 이득을 남기지 못하고 손실만 본다.

여러 해 동안 남편을 위해 헌신했던 아내가 곁길로 빠지는 남편을 보면서 느끼는 고통이 바로 그러하다. 많은 희생을 무릅써 왔음에도 불구하고 그 아내에게 남은 건 자포자기뿐이다. 그런 사람이 어떻게 삶을 다시 시작할 수 있겠는가?

자기 의에 사로잡힌 니고데모가 예수님께 거듭나야 한다는 말씀을 들었을 때, 그는 유사한 갈림길에 놓인 자신을 발견했다.

다시 말해 그는 하나님과 함께 철저히 다시 시작해야 했다. 오랫동안의 엄격한 종교 생활이 하나님 나라에 들어가는 데 아무런 도움을 주지 않았다. 그의 모든 선행과 존경받는 도덕성도 하나님의 인정을 받는 기준에 미치지 못했다.

하나님의 인정을 받을 것이라고 스스로 생각했던 모든 것을 포기해야 했다.

니고데모는 아무 유익도 없는 것을 추구하느라 삶 전체를 허비했다는 예수님의 평가를 받아들여야 했다. 그의 종교적인 노력, 영적인 활동, 도덕적인 추구 등 그가 시도했던 모든 것이 그를 영적인 빈털터리로 만들었다.

그는 모든 것이 자신의 잘못이었음을 시인하고 교만을 삼켜야 했다. 그것은 삼키기 힘든 쓴 약이었다.

놀라운 메시지와 솔직한 반응

그 시점에서 니고데모는 중요한 질문을 던졌다. **어떻게 하면 제가 하나님과 다시 시작할 수 있겠습니까?** 예수님께 들은 진리를 놓고 그의 영혼 속에서 격렬한 씨름이 진행되고 있었다. 이 종교 지도자는 자신이 거듭나지 않으면 천국에 들어가는 건 고사하고 그것을 볼 수조차 없다는 말씀을 들었다.

그 순간 갑자기 중요한 질문이 생각났다. "이 일이 어떻게 가능합니까? 어떻게 제가 하나님과 새로 시작할 수 있습니까? 어떻게 이 새 생명을 얻을 수 있습니까?"

깜짝 놀랄 만한 이 거듭남의 메시지는 니고데모의 내면에 이런 질문들을 일으켰다. 거듭남의 필요성이 번개처럼 그를 강타했다. 이 말씀들은 그에게 하나님 나라에 들어갈 개인적인 능력이 전혀 없음을 지적하신 것이었다. 그의 죄악된 삶이 천국에 들어가지 못하도록 그를 가로막았다. 만일 들어가려면 그는 하나님과 새로 시작해야 했다. 간단히 말해서 그는 거듭나야 했다.

혼란스러운 상태에서 니고데모는 이렇게 여쭈었다. "사람이 늙으면 어떻게 날 수 있사옵나이까 두 번째 모태에 들어갔다가 날 수 있사옵나이까"(요 3:4).

물론 니고데모는 예수님의 말씀을 자신이 어머니의 배 속으로 다시 들어가야 한다는 뜻으로 받아들이지 않았다. 자신이 육체적으로 다시 태어나야 한다고 문자적으로 생각하지 않았다. 예수께서 그런 의도로 말씀하시지 않았다는 것을 알고 있었다. 예수께서 비유적으로 말씀하셨다고 짐작했다.

그러므로 니고데모는 동일한 출생의 비유를 들며 이렇게 말한 셈이다. "선생님은 제가 어떻게 하길 기대하십니까? 저는 어머니의 배 속으로 들어갈 수 없습니다. 제가 어떻게 다시 시작해야 하나요?" 다시 말해 그는 "부디 알려 주세요. 어떻게 하면 제가 하나님과 다시 시작할 수 있습니까?"라고 물었다. 진지한 질문이었다. 니고데모는 "제게 하시려는 말씀이 무엇입니까? 무엇에 대해 말씀하시는 건가요? 어떻게 하면 제가 하나님 나라를 볼 수 있습니까?"라고 여쭈었다.

질문을 하기도 전에

예수님께서 너무도 갑작스럽게 말씀하셨기 때문에 니고데모는 예수님께 질문할 틈도 없었다. 존경받던 율법 전문가가 말을 시작하기도 전에 예수님이 먼저 그에게 말씀하셨다. "진실로 진실로 네게 이르노니 사람이 거듭나지 아니하면 하나님의 나라를 볼 수 없느니라"(요 3:3). 이 담대한 선언으로 예수님은 첫 번째 출생의 결과가 너무나 파멸적이기 때문에 두 번째로 출생하지 않으면 하나님 나라를 볼 수 없다는 놀라운 사실을 니고데모에게 알려 주셨다.

이 강력한 선언으로 예수님은 니고데모의 가장 뛰어난 성취마저도 하나님의 인정을 받지 못한다는 것을 밝히셨다.

하나님 앞에서 니고데모는 이 세상에 태어났을 때보다 더 나아진 게 없었다. 도리어 더 나빠졌다. 그의 죄악이 하늘까지 쌓였다. 그의 죄악은 하나님의 진노를 받아 마땅했다. 그의 모든 종교적인 사역에도 불구하고, 그는 하나님 나라로부터 멀리 떨어져 있었다. 니고데모에게는 영적 생명이 없었다. 그의 피상적인 종교가 그를 영적 무덤에 매장시켰다.

니고데모의 콧대가 꺾였다. 이전에는 겪어 보지 못한 일이었다. 그는 이 순회 랍비의 진단을 놓고 씨름해야 했다. 예수님은 니고데모에게 부풀려진 자기 평가를 포기하라고 요구하셨다.

그는 이제 예수님의 시각으로 자신을 보아야 했다. 그 요구는 자기 의에 빠진 니고데모로 하여금 자신이 믿었던 도덕성에 대해 좌절케 했을 것이다.

그가 예수님을 믿을까?

니고데모는 중대한 문제에 직면했다. 늘 그랬던 것처럼 자신을 하나님의 인정을 받는, 도덕적으로 선한 사람으로 볼 것인가, 아니면 그의 메마른 영적 상태에 대한 예수님의 솔직한 평가를 받아들일 것인가?

그의 영혼에 대한 그리스도의 진단을 믿을 것인가? 자신에게는 하나님께 내세울 만한 것이 전혀 없다는 것을 인정할 것인가? 자신에 대한 어떤 평가를 믿을 것인가? 자신에 대한 예전의 생각에 집착할 것인가? 아니면 예수께서 하신 말씀을 받아들일 것인가?

이 문제를 곰곰이 생각하면서 니고데모는 훨씬 더 큰 문제에 직면해야 했다. 예수님은 정확히 누구이신가? 그 앞에 서 있는 이분은 누구신가? 왜 그는 **그분을 믿어야** 하는가? 이 질문들에 대한 니고데모의 대답이 그분의 말씀을 받아들일 것인지 여부를 나타낼 것이었다. 또한 그 대답은 우리 각자가 그리스도의 말씀을 받아들일 것인지 여부를 결정하는 것이기도 하다.

랍비, 그 이상

니고데모는 예수님을 "랍비"(요 3:2)라고 불렀다. 이 말은 "선생"이라는 뜻이다. 사실 그는 예수께서 평범한 랍비가 아니라는 것을 인식했다.

예수님은 "하나님께로부터 오신 선생"이셨다(2절). 그는 예수께서 자신보다 훨씬 더 위대한 선생이시라는 것을 인식했다. 더욱이 예수님은 하나님의 특별한 부르심을 받은 분이셨다.

니고데모는 그의 삶에 대한 예수님의 선언을 받아들이게 될까?

그분의 선언은 그가 평생 동안 자신에 대해 믿었던 것과 정반대였다.

진정 **예수님은 누구신가?**

이것은 우리 모두가 직면하는 결정적인 질문이다.

니고데모는 예수님의 특별하신 권위에 대해 들은 적이 있었다. 니고데모가 살았던 예루살렘에서 예수님은 도덕적으로 부패했던 성전을 정결케 하셨다(요 2:13-15). 그분의 판결에 따라 예수님은 환전상의 상을 엎으시고 채찍으로 그들을 쫓아내셨다. 또한 성전을 자기 아버지의 집이라고 선언하셨다(16절).

니고데모는 분명 그와 같은 그분의 의분에 대해 들었다. 사실 그는 하나님을 아버지라고 부르시는, 예수님과 하나님의 특별한 관계에 대한 그분의 주장을(16절) 이미 들었다. 그래서 그는 예수님의 말씀에 각별히 귀 기울여야 한다고 생각했다. 하지만 자신이 거듭나야 한다는 말씀을 믿을 수 있을까?

이적의 의미

더욱이 니고데모는 예수께서 하나님의 능력으로 이적을 행하셨다는 것을 알고 있었다. 그는 "하나님이 함께 하시지 아니하시면 당신이 행하시는 이 표적을 아무도 할 수 없음이니이다"(3:2)라고 말했다.

그는 예수께서 이 "표적"들을 행하셨다는 것을 인정했다. "표적"에 해당하는 헬라어 "세메이온"은 특별한 영적 진리를 전하기 위한 이적을 뜻한다. 표적은 메시지를 담은 이적이다. 그것은 인류에게 구원을 베풀기 위해 오신 그리스도의 신적 능력을 나타낸다.

니고데모는 예수님의 이적들이 심오한 영적 진리를 담고 있다는 것을 알았다. 그 이적들 이면에 더 깊은 의미가 있다는 것을 알았다. 하지만 그것이 무엇인지는 깨닫지 못했다. 그래서 그 의미를 여쭈기 위해 예수님을 찾아갔다.

그 이적들에 담긴 메시지는 무엇인가?

살아 있는 이적

니고데모가 배워야 했던 진리는 매우 단순했다. 그는 자신이 살아 있는 이적이 되어야 한다는 것을 이해해야 했다. 하나님께서 그의 삶에 개입하셔야 하며, 그를 거듭나게 하시기 위해 그의 영혼에 역사하셔야 했다.

니고데모는 그러한 이적을 경험해야 했다. 하나님의 능력이 그의 마음속에서 작용해야 했다. 그는 새로운 피조물이 되어야 했다. 그 일은 그의 공허한 삶 가운데서 오직 하나님만이 행하실 수 있는 일이었다.

니고데모에게 말씀하시는 분은 무에서 만유를 창조하신 분이었다. 앞에서 요한은 예수님에 대해 "만물이 그로 말미암아 지은 바 되었으니 지은 것이 하나도 그가 없이는 된 것이 없느니라"(요 1:3)고 말했다.

이 구절은 존재하는 만물을 창조하신 예수 그리스도에 대한 내용이다.

훗날 바울은 이르기를, "만물이 그에게서 창조되되 하늘과 땅에서 보이는 것들과 보이지 않는 것들과 혹은 왕권들이나 주권들이나 통치자들이나 권세들이나 만물이 다 그로 말미암고 그를 위하여 창조되었"다고 했다(골 1:16).

이분은 니고데모 안에 새 생명을 창조하시는 창조주시다. 그 일을 행하실 수 있는 분은 예수님뿐이다.

요한은 "그 안에 생명이 있었으니 이 생명은 사람들의 빛"(요 1:4)이라고 덧붙인다. 그리스도는 생명이시다. 그분만이 생명을 지니시고, 또한 생명을 주신다.

니고데모에게 절실하게 필요한 영적 생명은 예수님께로부터만 올 수 있다. 예전에는 그가 생명을 주시는 분과 이토록 가까운 적이 없었다. 그분과 너무도 멀리 있었다. 예수께서 이 생명을 니고데모 안에 창조하셔야 했다.

은혜의 사역

존경받던 이 지도자의 영혼은 죄로 인해 망가져서 영적으로 죽은 상태였다. 그의 마음은 교만으로 가득했다. 그의 삶은 자기 의라는 더러운 누더기를 입고 있었다. 그의 내적 존재가 정결해져야 했다.

예수님께서 그에게 그러한 상태를 볼 수 있는 눈을 주셔야 했다. 니고데모 안에 새로운 영적 생명을 넣어 주셔야 했다. 예수께서 영적으로 죽은 그의 영혼을 부활시키시고 그의 내면을 살리셔야 했다. 중생을 통해 니고데모의 메마른 영혼에 새 생명이 창조되어야 했다. 니고데모는 자신의 모습 그대로 예수님을 찾아갔다. 하지만 거듭남은 그를 그 상태로 두지 않을 것이다.

니고데모는 거듭나야 했다. 영적으로 공허한 그에게 중생케 하시는 하나님의 은혜로 생명이 주어져야 했다. 그는 완전히 새 사람이 되어야 하고, 진리를 보며 하나님 나라의 참된 특성을 분별하기 위해 새 생명을 받아야 했다. 죽은 자는 생명을 창조하지 못한다. 거듭남은 오직 하나님만이 주실 수 있는 것이다.

전적인 변화

예수 그리스도를 진정으로 믿는 사람은 하나님께로부터 말미암는 이 거듭남을 경험한다.

우리는 새로 시작하는 법을 안다. 왜냐하면 우리의 옛 생명이 더 이상 존재하지 않기 때문이다. 우리는 하나님께서 우리 속에 창조하신 새 생명을 받았다. 그분이 우리에게 진리를 보는 눈을 주셨다. 따라서 우리는 하나님이 누구이신지 볼 수 있게 되었다. 우리는 예수께서 오신 이유를 깨달았다. 그분이 십자가에서 이루신 일을 이해했다. 우리는 한때 눈먼 자였으나 이제는 본다.

우리는 거듭났기 때문에 더 이상 자기 자신을 섬기지 않는다. 영광의 하나님을 사랑하며 예배한다. 하나님이 우리에게 맡기신 일을 추구할 힘을 얻는다. 우리를 하나님 나라에 태어나게 하신 분께 우리의 삶을 즐거이 드린다.

거듭남은 우리 삶의 모든 차원을 극적으로 변화시킨다. 우리 속에 있는 교만을 없애고 겸손을 주입한다. 우리로 하여금 주님의 이름을 부르게 한다. 하나님께 영광을 돌리게 한다.

거듭나지 않으면 우리는 영적 생명이 전혀 없고 우리의 삶에서 하나님을 인정하지도 않는 영적 시체와 같을 것이다. 그러나 은혜의 이적으로 인해, 우리는 죄에 대해 죽고 그리스도에 대하여 살아 있는 완전히 새로운 사람이 되었다.

거듭남은 선한 사람이 더 선해지거나 병든 사람이 회복되는 것을 뜻하지 않는다. 거듭남은 그보다 훨씬 더 큰 변화를 수반한다. 보다 정확히 말하면, 그것은 죽은 사람이 살아나는 것이다. 죽었다가 예수님에 의해 살아난 나사로와 같다.

나사로는 단지 병에 걸린 것이 아니라 죽은 것이었다. 그가 경험한 것은 의식 회복이 아니라 부활이었다. 그는 죽은 몸에 새 생명을 받았다. 거듭남에서 일어나는 전적인 변화가 바로 이와 같다.

당신은 다시 시작했는가?

다시 시작한다는 것은 당신의 삶 전체가 잘못되었음을 시인한다는 뜻이다.

새로운 시작은 당신의 삶이 허비되었음을 인정한다는 뜻한다.

그것은 하나님의 인정을 받기 위해 스스로 기울여 온 모든 노력을 포기하라고 요구한다. 그것은 당신의 모든 선한 행위가 당신을 죽은 상태에서 살려내지 못한다는 것을 인정하는 것이다.

새로운 시작을 위해서는 자신을 부인하고 예수 그리스도 앞에서 자신을 낮추어야 한다. 그리스도를 영생의 유일한 소망으로 믿어야 한다.

당신의 삶에서 죄를 짓도록 유혹하며 자신에게 영광을 돌리게 하는 것들을 제거해야 한다. 당신의 죄악된 생활 방식과 세상적인 욕심을 회개하고, 180도 반대 방향으로 돌이켜서 주 예수 그리스도께 순종해야 한다.

그분을 전적으로 신뢰하라. 그는 당신의 예배와 찬양을 받기에 합당하시다. 그분을 삶의 중심에 모실 때 기쁨이 찾아올 것이다.

세상적인 만족을 주었던 옛 친구들은 더 이상 당신의 큰 기쁨이 아니다. 오랜 음주나 성적인 습관들도 더 이상 당신의 도피처가 아니다. 당신이 의존했던 직업이나 인간관계들도 더 이상 당신의 정체성을 결정하지 못한다.

이제 당신의 관심의 초점이자 당신의 공허한 삶에 의미를 주시는 분은 그리스도뿐이다. 그분은 당신이 다시 시작하도록 도우실 것이다.

이 새 출발을 위해 당신은 새 마음을 지녀야 한다.

8.
정결케 하시는 성령의 사역

예수께서 대답하시되 진실로 진실로 네게 이르노니
사람이 물과 성령으로 나지 아니하면
하나님의 나라에 들어갈 수 없느니라

요한복음 3장 5절

거듭남은 단지 우리 삶의 외면을 재포장하는 것이 아니다. 우리 삶의 바깥 부분만 개조하고 내면을 바꾸지 않는 것은 마치 말기 암 환자에게 밴드를 붙여 주는 것과 같다. 가라앉고 있는 배에서 갑판을 수리하는 것과 같다. 그와 같은 행동 수정은 단지 피상적으로 문제를 해결하는 것이다. 우리 영혼의 내면을 바꾸기 위해 필요한 것은 중생케 하시는 하나님의 사역이다. 이 사역은 훨씬 더 깊은 차원에 작용한다. 거듭남은 우리를 내면에서부터 완전히 새로운 사람으로 만든다. 그것은 우리의 오래된 불신을 제거하고 믿음을 지닌 새 마음을 심어 준다. 그러나 사람 속에 새 마음을 두시기 전에 하나님은 먼저 죄로 더러워진 영혼을 깨끗하게 하신다. 그분은 더러운 영혼 속에 정결한 마음을 두지 않으신다. 이 내적 정화는 거듭나게 하시는 하나님의 사역에서 중요한 측면이다. 하나님께서는 사람의 영혼에 정결한 물을 부어 깨끗이 씻으신다.

니고데모에게 다음과 같이 말씀하실 때 예수께서 강조하신 바가 바로 이것이다. "진실로 진실로 네게 이르노니 사람이 물과 성령으로 나지 아니하면 하나님의 나라에 들어갈 수 없느니라"(요 3:5). 여기 언급된 물은 무엇을 뜻하는가? "물로 난다"는 것을 어떻게 이해해야 할까? 그 의미가 무엇이든, 이것은 너무나 중요하기 때문에 예수께서 "진실로 진실로 네게 이르노니"라는 친숙한 문구로 시작하셨다. 이는 예수님께서 하시려는 말씀의 의미를 니고데모가 놓쳐지 말아야 함을 시사한다. 그 의미는 무엇인가?

어떤 사람들은 이 물이 출산 때 산모에게서 나오는 양수를 가리키는 것이라고 한다. 그러나 성경 어디에도 양수에 대한 언급은 없다. 여기서도 그런 뜻으로 사용된 것 같지 않다. 또 어떤 사람들은 이 물을 물세례에 대한 언급으로 해석한다. 그러나 성경은 구원을 위해 세례가 필요하다고 말하지 않는다. 예수님이 잃어버린 자들을 찾아서 구원하러 오셨지만(눅 19:10) 그 누구에게도 세례를 주지는 않으셨다(요 4:2). 만일 물세례가 구원에 필수적인 것이라면, 왜 예수께서 세례를 베풀지 않으셨겠는가? 또 어떤 사람들은 이 물이 하나님의 말씀을 가리키는 비유적 표현이라고 한다. 물론 그런 해석도 가능하지만 적절하지는 않다.

영혼을 깨끗하게 하신다

이 물은 사람이 거듭나는 과정에서 내적인 그의 영혼을 깨끗하게 하시는 것을 상징하는 표현으로 이해하는 것이 가장 좋다. 이 영적 씻음은 중생의 이적에서 니고데모의 내적 생명이 정결해지는 것을 나타낸다.

이 구절에서 예수님은 물을 내적으로 정결케 하시는 성령의 사역과 동의어로 사용하셨다. 즉 이 대화에서 주님은 성령의 내적 사역을 나타내는 두 비유어를 사용하신다. 하나는 물이고(3:5), 다른 하나는 바람이다(8절). 다시 말해 예수님은 거듭남의 진리를 가르치시기 위해 이 두 가지 표현을 사용하신다.

성령을 나타내는 이 두 비유어는(물과 바람) 성령을 물처럼 깨끗케 하는 능력과 바람처럼 막을 수 없는 능력을 가리킨다. 거듭남에는 성령의 이 두 가지 특성이 강력하게 작용한다. 성령의 이 두 가지 사역 중 하나가 있는 곳에는 다른 하나도 언제나 작용한다.

여기서 예수님은 성령이 죄로 오염된 영혼을 물로 씻는 것처럼 깨끗하게 하심을 말씀하신다. "이스라엘의 선생으로서 이러한 것들을 알지 못하느냐"(요 3:10)라는 예수님의 말씀도 이 사실을 뒷받침한다.

이스라엘의 선생으로서 니고데모는 구약성경을 많이 배웠다. 그는 이른바 으뜸가는 성경 교사였다. 분명히 성경의 여러 진리를 두루 파악하고 있었을 것이다. 따라서 그는 중생의 교리를 가르치는 중요한 구약성경 구절들과 친숙했을 것이다. 그 본문에서 물로 씻음은 중생케 하시는 성령의 사역을 나타낸다. 구약성경에서 물은 종종 죄로 더러워진 영혼을 깨끗케 하시는 성령의 사역을 나타냈다. 니고데모 역시 이 진리를 알고 있었을 것이다.

깨끗한 물을 뿌리신다

앞 장에서 우리는 에스겔서에 나오는 중생에 대한 핵심 구절을 보았다. 그 본문에 담긴 진리를 다시 살펴보자. 에스겔은 이스라엘 백성이 계속된 불신과 죄악으로 말미암은 바벨론 포로기 동안에 예언했다. 그는 그들에게 마음을 깨끗하게 씻어서 하나님과 화목해지라고 당부했다. 에스겔을 통해 하나님은 "맑은 물을 너희에게 뿌려서 너희로 정결하게"(겔 36:25) 할 것이라고 말씀하셨다.

이 선언에서 하나님은 그들을 하나님의 나라로 이끄실 때 죄로 오염된 영혼들 위에 정결케 하는 물을 뿌릴 것을 약속하셨다. 이것은 오직 하나님만이 하시는 사역이다. 거듭남은 그분만의 단독 사역이다. 하나님과 사람의 공동 노력으로 되는 것이 아니다. 오직 하나님만이 인간의 영혼을 깨끗하게 하실 수 있다. 니고데모는 이 진리를 알아야 했다.

우상 숭배를 씻으신다

에스겔서 본문은 하나님이 "너희 모든 더러운 것에서와 모든 우상 숭배에서 너희를 정결하게"(25절) 하실 거라고 밝힌다. 이 상징적 표현은 물로 정결케 하는 구약 시대의 의식을 연상시킨다. 민수기 19장 13절과 20절에서 우리는 제사장이 정결을 상징하는 뜻으로 사람이나 물건에 물을 뿌렸다는 것을 알 수 있다. 물을 뿌리는 것은 죄 사함을 동반하는 내적 정결을 나타냈다. 구약성경에는 하나님의 용서를 상징하는 물에 대한 언급이 많다.

구약 시대에 있었던 레위인의 정결의식에서도 물을 뿌렸다. 모세의 형인 아론과 같은 제사장들은 한센병에서 정결함을 받은 자에게 일곱 번 물을 뿌렸다. 또한 제사장들은 제단에서 희생제사를 드리기 전에 손과 발을 씻었다. 출애굽기 30장 19-20절, 시편 51편 7절, 민수기 19장 18절에 그런 내용이 나온다.

모든 더러움을 씻으신다

그와 같은 모든 의식적인 물 뿌림은 사람들의 마음을 정결케 하시는 하나님의 능력을 나타냈다. 죄 씻음은 스가랴 13장 1절에도 언급된다. "그 날에 죄와 더러움을 씻는 샘이 다윗의 족속과 예루살렘 주민을 위하여 열리리라." 이 구절에서 하나님은 다윗의 후손인 예수 그리스도를 통해 죄인들의 죄를 깨끗이 씻으실 것을 예고하셨다. 여기서 물로 씻는다는 것은 오래도록 기대했던 메시아를 통한 중생을 상징적으로 묘사한 표현이다.

이스라엘의 지도적인 교사였던 니고데모는 이 구절들이 매우 친숙했을 것이다. 그는 이 구절들이 나타내는 가장 기본적인 진리를 알아야 했다. 예수께서 그에게 물로 태어나야 한다고 분명하게 말씀하신 것은 중생에 대한 말씀이었다. 마음의 전적인 변화, 영혼을 씻으시는 성령의 내적 사역에 대한 말씀이었다. 거듭나게 하시는 사역에서 주님은 더러운 죄인들에게 정결한 물을 뿌려 그들을 깨끗하게 하신다. 이것은 죄로 더러워진 우리 영혼을 깨끗케 하시는 영적인 정결이다. 이를 통해 인간의 마음속에 존재하는 지워지지 않는 얼룩을 영구적으로 제거하신다. 성령의 내적 정화를 통한 중생이 죄로부터 우리를 깨끗케 한다.

많은 학자들은 요한복음 3장 5절이 "만일 사람이 **물로, 즉 성령으로** 거듭나지 않으면 천국에 들어갈 수 없느니라."로도 번역될 수 있다고 믿는다. 이 번역에서 물과 성령은 동의어다. 물은 성령의 내적 사역을 나타낸다. 바람이 성령의 강력한 움직임을 나타내듯이(요 3:8), 물은 더러운 죄와 심판을 씻어 없앰으로써 정결케 하시는 성령의 작용을 나타낸다(5절).

거듭남을 통해 깨끗하게 씻긴 우리 마음이 얼마나 기쁘겠는가! 그때에는 우리를 정죄하는 죄책감이 제거된다. 우리의 더러워진 양심이 정결해진다. 죄로 오염된 영혼이 깨끗해진다. 우리의 가장 깊은 존재가 평안으로 채워진다.

우리 죄를 씻으신다

이는 바울이 예루살렘의 유대인들 앞에서 자신을 변호한 내용이다. "일어나 주의 이름을 불러 세례를 받고 너의 죄를 씻으라"(행 22:16). 문법적으로 "주의 이름을 불러"가 "세례를 받고"에 앞선다. 다시 말해 구원은 주의 이름을 부른 것에 따른 직접적인 결과다. 죄 씻음이 주의 이름을 부른 것 다음에 곧바로 이어진다. 그것은 세례 때문에 일어나는 것이 아니다. 바울은 이 점을 분명히 한다. "누구든지 주의 이름을 부르는 자는 구원을 받으리라"(롬 10:13). 아무리 많은 양의 물이라도 죄를 씻어 내지는 못한다. 오직 성령의 내적 사역만이 영혼을 깨끗하게 할 수 있다.

바울은 에베소에 보내는 편지에서 이 진리를 확언한다. 거기서 그는 거듭날 때에 영혼이 씻기는 것을 재차 강조한다. "그리스도께서 교회를 사랑하시고 그 교회를 위하여 자신을 주심 같이 하라 이는 곧 물로 씻어 말씀으로 깨끗하게 하사 거룩하게 하시고"(엡 5:25-26). 이는 예수께서 성령의 내적 사역을 통해 그의 피로 사신 교회를 씻어서 정결케 하심을 뜻한다. 즉 성령이 하나님의 말씀과 협력하여 죄를 깨닫게 하시고 중생케 하신다.

성령으로 씻으신다

사도 바울은 성경의 다른 구절에서도 성령으로 씻기는 것을 강조했다. "너희 중에 이와 같은 자들이 있더니 주 예수 그리스도의 이름과 우리 하나님의 성령 안에서 씻음과 거룩함과 의롭다 하심을 받았느니라"(고전 6:11). 이 구절에서 바울은 중생하는 순간에 성령에 의한 영적 정결을 언급한다. 그때에는 우리의 양심을 줄곧 괴롭히던 죄의식이 제거된다. 늘 죄에 수반되던 하나님의 정죄가 사라진다. 신자는 더 이상 죄책감에 사로잡히지 않고 자유롭게 하나님께 순종한다. 이와 같이 죄에서 정결케 되는 것이 물세례로 상징된다.

고대 도시였던 고린도는 성적 문란과 사악함이 팽배했다. 죄악에 오염된 그 도시에 사는 자들은 깊은 죄악에 젖어 있었다. 그들이 빠진 도덕적 부패의 깊이에는 한도가 없는 것 같았다. 그러나 바울은 사람이 하나님 나라에 들어갈 때 성령께서 죄로 더럽혀진 영혼을 깨끗케 하신다는 것을 분명하게 밝힌다. 아무리 큰 죄를 범했을지라도 그것을 제거하시는 성령의 능력이 훨씬 더 크다. 성령은 모든 죄를 씻으실 수 있다. 하나님의 은혜로 정결해지지 못할 죄는 없다.

이와 같이 거듭날 때에 일어나는 성령의 씻으심은 디도서에서도 강조된다. 디도서는 바울이 그레데 교회에 침투했던 거짓 교훈에 대항하여 싸우는 디도를 돕기 위해 쓴 편지다. 바울은 거듭난 그리스도인의 삶의 특성을 묘사한다. "우리를 구원하시되 우리가 행한 바 의로운 행위로 말미암지 아니하고 오직 그의 긍휼하심을 따라 중생의 씻음과 성령의 새롭게 하심으로 하셨나니"(딛 3:5). 이것은 거듭날 때 영혼이 정결해지는 것을 나타낸다. "중생"은 성령의 사역이며, 인간의 영혼을 "씻으심"에 따른 결과다.

모든 사람에게 있는 양심은 하나의 경고 장치다. 이 경보시스템이 영혼의 상태를 증언한다. 우리가 범죄할 때 양심이 우리를 고소한다. 그러나 거듭남은 죄책감에 빠진 양심을 깨끗하게 한다. 히브리서는 이렇게 설명한다. "우리가 마음에 뿌림을 받아 악한 양심으로부터 벗어나고 몸은 맑은 물로 씻음을 받았으니 참 마음과 온전한 믿음으로 하나님께 나아가자"(히 10:22). 성령의 씻으심은 죄책감에 눌린 양심으로부터 내적인 정죄감을 제거한다. 외적인 세례 의식은 거듭날 때에 일어나는 이러한 내적 실재를 표현하는 것이다.

죄책감에 빠진 양심을 깨끗하게 하신다

이것은 사도 바울이 주장하는 것과 같은 진리이다. "곧 세례라 이는 육체의 더러운 것을 제하여 버림이 아니요 하나님을 향한 선한 양심의 간구니라"(벧전 3:21).

이 구절은 세례의 물이 죄책감에 빠진 양심을 깨끗하게 하는 것을 상징한다고 말한다. 베드로는 1세기의 흩어진 신자들에게 구원의 근거가 그리스도이심을 상기시켰다.

거듭남은 선한 양심을 낳는다. 물리적인 물은 영혼의 영적 오염을 제거하지 못한다. 그것은 단지 몸을 정결하게 할 수 있을 뿐이다. 사람의 내면을 깨끗하게 하는 것은 오직 중생을 통해서만 가능하다.

"진실로 진실로 네게 이르노니 사람이 물과 성령으로 나지 아니하면 하나님의 나라에 들어갈 수 없느니라"(요 3:5)라는 예수님의 말씀이 니고데모의 귓속에 크게 울렸다.

죄로 더러워진 니고데모의 영혼을 성령께서 씻어 주셔야 했다. 죄에 오염된 그의 내밀한 존재가 깨끗해져야 했다. 그것은 절박하게 필요한 일이었다. 그의 마음에서 더러운 죄가 제거되어야 했다.

거듭남은 하나님의 씻으시는 사역으로 말미암는다. 하나님은 성령의 내적 사역을 통해 그를 깨끗이 씻으실 수 있다. 성령께서 그리스도의 피로 그의 죄를 제거하셔야 했다.

으뜸가는 사례

극적으로 영혼이 정결해진 1세기의 또 다른 인물이 있다. 그는 니고데모처럼 바리새인이었고 산헤드린 회원이었다. 그 역시 율법에 능통했다. 그러나 그 종교 지도자는 예수님께 질문하러 나아가지 않았다. 도리어 예수 그리스도를 혐오했다. 죄로 완악해진 그 영혼은 예수님을 따르는 자들을 대적하는 일에 앞장섰고, 그들을 체포하기 위한 공문을 확보했다. 그는 그들을 예루살렘으로 끌고 가서 재판에 넘겨 사형시킬 생각이었다.

예수 그리스도를 대적했던 그 사람은 다소의 사울이다. 그는 초대 교회를 핍박하려는 악한 열심으로 가득했던, 바리새인 중의 바리새인이었다. 그의 증언에 따르면, 사울은 "팔일 만에 할례를 받고 이스라엘 족속이요 베냐민 지파요 히브리인 중의 히브리인이요 율법으로는 바리새인이요 열심으로는 교회를 박해하고 율법의 의로는 흠이 없는 자"였다(빌 3:5-6). 즉 사울보다 더 독실한 바리새인은 없었다.

그러나 사울이 다메섹을 향해 가고 있을 때, 하늘에서 갑자기 강렬한 빛이 비쳤다. 눈을 멀게 할 정도로 밝은 하나님의 영광이었다. 그는 말에서 바닥으로 떨어졌다. 극적으로 나타나신 분은 바로 예수 그리스도셨다. 주님은 "사울아 사울아 네가 어찌하여 나를 박해하느냐"(행 9:4)라고 말씀하셨다. 이에 사울은 "주여 누구시니이까"(행 9:5)라고 질문했고, 주님께서 "나는 네가 박해하는 예수라"고 말씀하시는 대답을 들었다.

그 순간 다소의 사울은 거듭났다. 갑작스런 은혜의 작용으로 중생했다. 그의 옛 생명이 곧바로 사라졌다. 그리스도 안에서 새 생명이 시작되었다. 그 짧은 순간에 복음을 대적하던 그의 충성 대상이 바뀌었다. 그는 예수 그리스도의 참된 제자가 되었다. 그의 공개적인 대적이 전격적으로 변화되었다. 그는 한때 자신이 파괴하려 했던 신앙을 옹호하고 선포하는 사도 바울이 되었다.

내면의 철저한 변화

모든 거듭남이 하늘로부터 강렬한 빛이 비추는 것처럼 극적이지는 않다. 하지만 중생케 하시는 하나님의 사역은 언제나 급작스럽고 강렬하다. 사울에게 주어졌던 새 마음이 성령으로 말미암아 중생한 모든 사람에게 주어진다. 거듭난 모든 사람은 그의 영혼 깊은 곳에 극적인 변화가 일어난다. 예수 그리스도 안에서 완전히 새 사람이 된다.

만일 당신이 거듭났다면, 당신의 중생한 영혼에도 그런 일이 일어난다. 하나님께서 당신의 영혼을 극적으로 변화시키시고, 당신을 깨끗하게 하시고, 당신의 죄를 제거하시며, 또한 죄책감에서 벗어나게 하신다. 당신은 예전과 같은 사람이 아니다.

당신도 그렇게 되어야 한다

만일 당신에게 아직 거듭남의 이적이 일어나지 않았다면 기도하라. 눈을 열어 하나님의 은혜가 필요함을 보게 해 달라고 간구하라. 성숙한 신자에게 복음을 설명해 달라고 부탁하라. 하나님이 누구신지, 그리고 죄인들을 구원하시기 위해 그가 예수 그리스도 안에서 하신 일이 무엇인지 더 많이 알 수 있도록 성경을 찾아보라.

거듭남의 정결케 하는 힘은 하나님 앞에서 가장 악한 죄인도 깨끗하게 할 수 있다. 하나님은 일평생 지은 모든 죄를 한순간에 씻으실 수 있다. 당신을 그분 앞에서 흠 없는 존재로 만드실 수 있다. 하나님의 은혜는 죄로 더러워진 당신의 영혼을 깨끗케 하며, 그의 아들 예수 그리스도의 완전한 의로 당신을 옷 입히기에 충분하다.

당신은 죄로부터 깨끗해졌는가? 예수님은 당신을 눈과 같이 희게 하시는 능력을 지니셨다. 당신은 그리스도의 은혜로 이 내적 정결을 얻기 위해 그분께로 나아갔는가? 다른 그 누구도 당신을 구원하지 못한다. 왜 계속 기다리는가? 지금 믿음으로 그리스도께 나아가라. 그의 이름을 부르라. 당신의 삶을 그리스도께 맡기라.

9.
새 마음과 새 욕구

육으로 난 것은 육이요
영으로 난 것은 영이니
요한복음 3장 6절

    심은 대로 거둔다는 자연의 기본 원칙이 있다. 이 불변의 연속성을 창조주께서 친히 피조물 가운데 세우셨다. 사과씨를 심으면 사과나무가 자란다. 높은 미국 삼나무로 자랄 수 없다. 수박씨에서는 수박이 나오지 결코 옥수수가 나오지 않는다. 코끼리는 결코 독수리를 낳지 못한다. 코끼리는 코끼리만 낳는다. 심은 대로 거두기 때문이다.
    이러한 자연계의 원칙은 영적 영역에도 적용된다.

성령이 인간의 마음을 거듭나게 하실 때, 그의 영혼 속에 거룩한 생명을 재생시키신다. 살아 계신 하나님 외에는 다른 그 무엇도 영적인 생명을 만들지 못한다.

살아 있는 말씀이 인간의 영혼 속에 씨앗처럼 심길 때, 성령께서 하나님 아버지의 주권적인 뜻에 따라 사역하시고, 영적으로 죽은 영혼 속에 새 생명을 창조하신다. 이 새 생명은 성령에 의해 창조되므로 영적 생명이다. 심은 대로 거둔다.

연속성

이것은 요한복음 3장 6절에서 예수님이 전혀 다른 두 영역을 구분하시면서 니고데모에게 분명하게 밝히신 진리다. 하나는 물리적인 영역이고, 다른 하나는 영적인 영역이다. 물리적인 출생은 산모가 아기를 낳는 것이다. 그리고 영적인 출생은 영적으로 죽은 심령 속에 성령이 새 생명을 낳으시는 것이다.

육은 육과 관련된 것만 낳을 수 있다. 인간의 본성은 인간의 본성만 낳을 수 있다.

마찬가지로 성령은 언제나 영적인 생명을 낳으시며, 성령만이 영적인 영역에 속한 것을 지으실 수 있다.

육은 육을 낳는다

"육으로 난 것은 육이요"라는 예수님의 말씀에서, **육**이라는 용어는 인간의 본성을 가리킨다. 이 단어는 요한복음 1장 13-14절에도 사용되었다. "육"은 모든 사람이 물리적인 출생을 통해 받는 인간의 본성을 가리킨다. 육으로 나는 것은 모태에 잉태되는 것이다. 육체적인 생명도 하나님만이 창조하신다.

애당초 하나님은 인간의 생명을 무에서 창조하셨다. 모태에 새 생명이 잉태된 후부터 임산부가 아기를 낳기 전까지 아기는 어머니 배 속에 있다. 육은 육을 낳는다.

성령으로 말미암은 탄생

"영으로 난 것은 영"이다(3:6). 심령 속에 영적인 생명을 낳는 분은 성령이시다. 새 본성, 즉 하나님 나라의 영역에서 작용하는 영적 본성을 짓는 분은 하나님의 성령이시다.

이후에 예수님은 "하나님은 영이시니 예배하는 자가 영과 진리로 예배할지니라"(4:24)라고 말씀하셨다. 기본적인 원칙은 영적 탄생에도 적용된다. 심은 대로 거둔다.

만일 니고데모가 영생을 얻고자 한다면, 그것을 창조하실 수 있는 분은 성령님뿐이다. 그 어떤 사람도 영적인 생명을 만들지 못한다. 인간의 본성이나 행위로는 그렇게 하지 못한다. 거듭남은 오직 하나님에게서 비롯되며 성령의 내적인 사역으로 말미암는다.

만일 당신이 거듭났다면, 그것은 하나님이 당신 안에서 행하신 일이다. 중생은 가장 깊은 차원에서 당신을 극적으로 변화시켰다. 이 변화는 내부에서 일어난 것이다. 당신은 영적 죽음에서 영적 생명으로 곧바로 전환되었다. 어둠에서 빛으로 갑자기 바뀌었다. 이 극적인 변화를 통해 당신은 새로운 피조물이 되었다. 하나님으로 말미암은 이 탄생이 당신의 생각과 감정과 의지의 근본적인 특성을 변화시켰다.

포괄적인 의미의 탄생

몇 년 전 내가 목회하던 교회에서 주일 예배가 시작될 때 한 남자가 들어와 앞자리에 앉았다. 나는 이전에 그를 본 적이 없었으며, 설교 중에도 그는 유난히 내 주의를 끌었다. 내가 설교할 때 그가 설교 한마디 한마디에 집중하는 것이 눈에 띄었다. 예배를 마친 후 나는 교회 앞에서 그 사람과 얘기를 나누었고, 그 주간에 둘이 만날 수 있는지 물어보았다. 그는 가능하다고 말했다. 이후에 이루어진 그와의 만남을 나는 결코 잊지 못할 것이다.

점심을 먹으면서 그는 자신의 마음을 털어놓기 시작했다. 그는 사업에서 큰 성공을 거두었지만 그의 내면은 공허했다. 더욱이 그는 심한 죄책감에 사로잡혀 있었다. 새로운 삶을 갈망했다. 하나님 앞에서 깨끗한 양심을 지닐 수 있기를 간절히 원했다.

나는 그에게 복음을 전했고, 그에게 새 마음을 주신다는 하나님의 약속을 알려 주었다. 그것은 그에게 믿기 어려울 정도로 좋은 소식이었다. 나는 거듭남을 통해 깨끗해진 그의 영혼 속에 하나님이 새 마음을 주신다는 것을 확신 있게 설명했다. 그는 눈물을 흘리면서 머리를 숙였다. 자신의 삶을 예수 그리스도께 맡겼다. 그의 삶이 극적으로 변했다.

그 사람은 거듭남이 포괄적인 의미의 출생이라는 것을 생생하게 보여 주는 사례다. 건강한 아기는 이 세상에 모든 신체 부위를 지니고 태어난다. 두 팔과 두 다리, 그리고 두 눈을 지녔다. 여러 신체 부위가 단계적으로 생기거나 시일의 격차를 두고 생겨나는 것이 아니다. 아기가 두 다리를 지니고 태어난 후에 팔이나 발이 생기는 것이 아니다. 눈 하나를 지니고 태어난 뒤 5년 후에 다른 눈 하나가 마저 생겨나는 것이 아니다. 모든 건강한 아기는 필요한 신체 부위를 모두 지니고 태어난다.

우리가 거듭날 때에도 마찬가지다. 거듭날 때에 하나님은 우리의 본성 전체에 곧바로 역사하신다. 우리의 생각이 새로워진다. 감정의 방향이 달라진다. 우리의 의지가 향하는 방향도 달라진다.

우리의 생각만 바뀌고 감정과 의지는 그대로인 것이 아니다. 우리 영혼의 모든 면이 하나님을 향하게 된다.

다시 태어나게 하시는 성령의 능력은 우리 생명의 모든 부분을 변화시킨다. 우리는 더 이상 예전의 욕망을 추구하지 않는다. 그리스도를 향한 욕구가 유흥을 바라는 끝없는 욕구를 제압한다. 하나님이 우리의 내적 존재를 단번에 혁신하신다. 머리부터 발끝까지 우리는 포괄적으로 거듭난다. 하나님의 능력으로 모든 것이 완전히 새로워진다.

원죄의 영향

거듭남을 통한 본성 전반의 변화는 원죄의 광범위한 영향 때문에 반드시 필요하다. 아담이 처음 죄를 범했을 때, 그 죄의 부패성이 인류 전체에 전가되었다. 모든 사람이 잉태될 때 아담의 죄성이 전해진다. 첫 사람의 전적으로 타락한 본성을 물려받지 않는 사람은 아무도 없다. 각 개인의 삶의 어떤 영역도 죄의 부패성으로부터 자유롭지 않다.

신학자들은 인간 본성 전체의 완전한 부패성을 "전적 타락"이라고 부른다. 이 책 5장에서 언급했듯이, 인간의 마음속에 죄가 완전히 침투한 상태다. 이 진리가 모든 사람이 최악의 범죄를 저지를 정도로 타락한 상태라는 뜻은 아니다. 모든 사람이 살인자나 어린이 포식자인 것은 아니다. 그것은 아담의 타락한 죄성이 모든 사람의 존재 전체에 전가되었음을 뜻한다. 인간 본성의 모든 측면이 치명적인 죄의 독에 오염되었다. 원죄로 말미암아 모든 사람의 **지성**이 어두워졌다.

우리는 영적 어둠 속에서 살며, 진리를 보지 못한다(고전 2:14). 죄는

마음도 더럽힌다. 모두가 영적으로 악한 상태로 태어나며, 하나님을 사랑하지 않는다. 하나님 나라의 일들을 바라지도 않는다(롬 3:10-18). 우리는 미워해야 하는 것을 사랑하고 사랑해야 하는 것을 미워한다. 또한 의지가 죄로 인해 나약해진다. 우리는 하나님 앞에서 영적으로 옳은 것을 택하지 못한다(요 6:44, 65). 그 결과 모든 사람의 모든 역량이 (생각과 감정과 의지) 아담의 죄로 인해 훼손되었다. 모든 사람의 모든 부분이 죄로 인해 오염되었다.

저주의 역전

그러나 소망이 있다. 중생은 우리 전인격의 포괄적인 변화다. 거듭남은 우리 본성의 모든 차원을 변화시킨다. 죄가 우리의 모든 부분을 망가뜨렸지만, 성령은 우리 내적 존재의 모든 부분을 갱신시키신다. 우리가 거듭날 때 하나님은 우리 영혼의 모든 영역을 다시 지배하신다. 죄가 우리의 내적 삶을 손상시켰듯이, 거듭남은 그것을 광범위하게 재생시킨다. 은혜가 인간의 영혼 전체를 개조한다.

또한 중생은 하나님 나라에 들어가기 위한 필수적인 변화를 일으킨다. 이 총괄적인 변화는 모든 것을 포함한다. 그것은 성령에 의한 우리 영혼 전체의 혁신이다. 거듭남은 우리의 전인격을 철저히 변화시킨다. 이것은 우리 영혼에 일어날 수 있는 가장 큰 변화다. 이와 같은 혁신은 거듭남에서 비롯된다.

반드시 알아야 할 진리

니고데모가 예수께 나아갔을 때, 그는 이 기본적인 진리를 이미 알아야 했다는 말씀을 들었다. 대화가 전개되면서 예수님은 "너는 이스라엘의 선생으로서 이러한 것들을 알지 못하느냐"(요 3:10)라고 물으셨다. 니고데모는 반드시 이 진리를 **알아야 했다**. 예수께서 그렇게 말씀하셨다. 구약성경에서 하나님은 거듭남의 특성 전체를 이미 알려 주셨다. 선지자 에스겔을 통해 하나님은 이 내적 변화가 그분께로부터 말미암아야 한다고 가르치셨다.

앞에서 보았듯이 하나님은 "내가 그들에게 한 마음을 주고 그 속에 새 영을 주며 그 몸에서 돌 같은 마음을 제거하고 살처럼 부드러운 마음을 주어"(겔 11:19)라고 선언하셨다. 그분은 믿음으로 나아오는 자들에게 이러한 내적 변화를 약속하신다.

이 구절에서 하나님은 거듭남의 종합적이고도 철저한 특성을 강조하신다. 오직 하나님만이 성령의 사역을 통해 이 놀라운 일을 행하실 수 있다.

그 어떤 교회도 이와 같은 새 생명을 만들어 내지 못한다. 그 어떤 목사나 복음전도자도 그렇게 하지 못한다. 그 어떤 그리스도인 부모도 자녀에게 새 생명을 물려주지 못한다. 오직 하나님만이 이 새 마음을 주실 수 있다. 인간을 지으신 창조주만이 그의 영혼 속에 새 생명을 창조하실 수 있다.

돌 같은 마음을 제거하신다

앞에 언급한 에스겔서 구절에서 하나님은 "돌 같은 마음을 제거"하실 거라고 말씀하셨다. 돌 같은 마음은 중생하지 못한 사람이 지닌 것이며, 우리가 이 세상에 태어날 때 지닌 것이다. 그것은 하나님에 대해 굳은 마음이며, 그분을 사랑하지 않는 냉담한 마음이다. 그 마음은 하나님의 뜻에 복종하길 거부한다.

돌 같은 마음은 하나님을 거역하는 불신자를 가리킨다(겔 2:7, 3:7). 그런 마음은 완고하고, 아집이 세며, 하나님의 영적인 일들에 무관심하다. 생명이 없는 마음이다. 즉 돌 같은 마음은 속사람 전체가 하나님을 대적하는 것을 뜻한다. 따라서 예수 그리스도를 믿으려면 먼저 이 돌 같은 마음이 제거되어야 한다. 위대한 의사이신 주님만이 그 일을 하실 수 있다. 그가 죄로 굳은 돌 같은 마음을 제거하셔야 한다. 그런 마음은 하나님을 향해 바위처럼 단단하다. 성경에 기록된 그분의 진리를 거역하며, 그분의 율법에 반항한다.

이 굳은 마음은 복음의 메시지로 제거된다. 이 마음은 하나님의 축복을 원할 수 있지만 하나님을 원하지는 않는다. 그런 마음을 지닌 자들은 자신의 이기적인 목적을 위해, 세상적인 것들을 얻기 위해 하나님을 이용하려 할 뿐이다.

이것은 마치 남자가 여자의 육체적인 부분만을 탐하는 것과 같다. 그런 것은 희생적인 사랑이 아니라 이기적인 육체의 욕망이다. 옛 마음은 하나님을 이용하기만 원할 뿐 그분을 사랑하거나 섬기지 않는다.

우리 각자는 자신의 옛 마음이 어떤 상태인지 인식해야 한다. 설령 교회나 기독교 가정에서 자랐더라도, 우리는 여전히 돌처럼 단단한 마음을 지니고 태어났다. 이 마음은 하나님에 대해 완고하며 그분의 눈에 혐오스럽다. 우리의 옛 마음으로는 하나님을 사랑할 수가 없다. 우리는 자연적으로 하나님께로부터 멀어져 있었다. 우리에게는 불순종으로 향하는 경향이 있다.

그러나 거듭남을 통해 하나님께서 돌 같은 마음을 제거하신다. 우리가 하나님께로 돌이키려면 하나님을 대적하는 이 악한 성향을 하나님이 제거해 주셔야 한다.

살처럼 부드러운 마음을 주신다

같은 에스겔서 구절에서 하나님은 "살처럼 부드러운 마음을" 주신다고 약속하셨다(11:19). 우리의 옛 마음이 하나님에 대해 죽어 있었던 반면, 우리의 새 마음은 그분에 대해 살아 있다.

이 마음은 하나님을 위한 영적 심장 박동과 그분의 말씀을 위한 강한 맥박을 지녔다. 우리의 살 같은 새 마음은 성경의 약속과 명령에 순종한다. 이 살아 있는 심장은 하나님을 사랑하며 그의 나라의 일들에 우선순위를 둔다. 우리의 삶에서 이러한 영적 심장 이식보다 더 긍정적인 변화는 있을 수 없다.

나뉘지 않는 마음을 주신다

주님은 모든 참된 신자에게 새 마음을 주셨다. 그것은 "한마음"이다. 이는 나뉘지 않는 마음이라는 뜻이다. 그것은 하나님을 위하는 한 가지 열정만을 지녔다.

이 새 마음은 분열된 충성심을 지니지 않는다. 하나님과 다른 어떤 것(또는 사람)에 의해 충성심이 나뉘지 않는다. 히브리어에서 마음은 사람의 내적 존재 전체를 나타낸다. 따라서 우리가 거듭날 때에는 모든 것이 새로워진다. 하나님을 아는 새 지성과 그분을 사랑하는 새 감정이 주어진다. 하나님이 우리에게 그분께 복종하는 새 의지를 주신다. 우리의 새 마음은 새 욕구와 새 야망과 새 갈망을 지녔다.

이 은사는 우리와 우리의 모든 것을 새롭게 한다.

새 영을 주신다

에스겔서의 같은 구절에서 하나님은 "그 속에 새 영을" 줄 거라고 말씀하신다(11:19). 하나님이 우리를 거듭나게 하실 때 우리 안에 새 영을 심으신다. 이 새 영은 우리 마음을 다스리는 새 힘을 가리킨다. 그것은 우리의 생각과 관점을 이끈다.

거듭남을 통해 하나님은 우리 영혼 속에 새 태도와 새 우선순위와 새 성향과 새 욕구를 심으신다. 우리의 사고방식이 완전히 변한다. 하나님께서 우리의 감정이 뒤바뀌게 하신다. 새로운 충성심을 지닌 새 의지를 우리에게 주신다. 하나님이 우리를 머리끝에서 발끝까지 새롭게 하신다. 우리 각자가 그리스도 예수 안에서 새로운 피조물이 된다.

니고데모처럼 돈독하게 신임을 받는 선생이라면 에스겔서에 나오는 이 단어들을 잘 알고 있었을 것이다. 그는 거듭남에 대한 것을 모두 알고 있어야 했다. 하지만 그는 알지 못했다. 그는 이 새 영이 거듭남을 통해서만 주어질 수 있다는 것을 알아야 했다. 그것은 선지자를 통해 성경에 분명히 기록되어 있었다. 하지만 니고데모는 그것을 이해하지 못했다.

지난 사역 과정에서 나는 많은 사람을 만났다. 그들 중에는 나름의 노력에도 불구하고 이 천상의 진리를 깨닫지 못하는 교인들이 많았다. 그들은 교회 예배에 충실하게 참석했다. 교회의 문이 열릴 때마다 교회로 나오는 것 같았다. 그들은 섬기고 봉사하는 일에도 많은 수고를 아끼지 않았다. 하지만 그들의 눈은 거듭남의 필요성을 보지 못했다. 그들은 자신이 하나님을 안다고 생각했지만, 사실은 알지 못했다. 하나님께서 영적으로 보지 못하는 눈에 시력을 주시기 전까지, 그들은 진리를 보지 못한다.

성령이 거하시는 마음을 주신다

거듭남을 통해 주님은 우리 영혼 속에 성령을 보내신다. 하나님께서 우리를 그분의 나라로 이끄실 때 그분은 우리 속에 성령을 보낼 것을 약속하신다. 하나님이 우리를 거듭나게 하시고 우리 안에 거하신다. 우리가 성령으로 날 때, 하나님이 우리 안에 거하신다. 우리는 살아 계신 성령이 거하시는 거룩한 성전이 된다.

하나님의 내주하심으로 인해 그리스도 안에 있는 우리의 새 삶은 하나님의 전능하신 능력 안에서 살아간다. 우리가 죄를 깨닫게 하시는 성령께서 또한 우리를 부르시며, 우리로 하여금 그리스도의 형상을 닮아 가게 하신다.

성령은 우리로 하여금 매일 거룩함을 바라며 추구하게 하신다. 우리는 단지 스스로 그리스도인의 삶을 살도록 방치되는 것이 아니다. 그와 반대로 하나님이 우리에게 성령을 주셔서 그분과 함께 새 삶을 살 수 있도록 초자연적인 힘을 주신다. 거듭나게 하시는 하나님의 은혜가 없으면, 우리는 하나님의 의도에 부합하는 삶을 살지 못할 것이다.

순종하는 마음을 주신다

하나님은 우리 안에 거하게 하신 그분의 성령을 통해 우리의 의지를 주관하여 그분의 뜻을 따르게 하신다. 하나님은 "내 영을 너희 속에 두어 너희로 내 율례를 행하게 하리니 너희가 내 규례를 지켜 행할지라"(겔 36:27)고 말씀하신다. 성령님께서 불순종했던 우리의 옛 삶을 하나님 말씀에 신실하게 순종하는 삶으로 전환시키신다. 그 결과 우리는 우리가 한때 무시했던 하나님의 율법을 마음으로 지키게 된다. 우리가 그리스도께 순종하며 그를 따를 수 있는 것은 오직 살같이 부드러운 이 새 마음을 통해서다.

중생하게 하시는 하나님의 사역에서 성령님은 우리에게 하나님을 사랑하는 새 마음과 그의 계명을 지키려는 새 욕구를 주신다. 성령으로 거듭날 때 우리는 하나님을 경외하는 삶을 살기 시작한다. 또한 우리는 하나님의 규례에 겸손히 순종하려는 새 욕구를 갖게 된다. 이 새 생명이 주어지는 순간, 우리는 주님과 함께하는 새로운 걸음으로 거룩함을 추구하기 시작한다.

하나님의 독자적인 사역

이 새로운 출생이 오직 하나님께서 행하시는 독자적인 구원사역이라는 것을 다시 한 번 숙지하는 것이 중요하다. 우리의 옛 마음이 하나님에 대하여 굳어졌을 때 하나님께서 우리에게 이 새 마음을 주신다. 우리는 죽어 마땅하지만, 하나님은 우리를 살리신다. 우리가 하나님을 거역할 때 하나님은 우리 안에 오직 그분만이 하실 수 있는 일을 행하신다.

우리 안에 성령님이 거하실 때 하나님은 우리가 그의 계명 안에서 행하게 하신다. 진리의 성령이 말씀에 순종하려는 새 욕구를 갖게 하신다. 그가 우리를 정결한 새 길로 이끌기 시작하신다. 그가 우리를 거듭나게 하시는 순간, 우리는 곧바로 그의 규례에 순종하기 시작한다. 물론 이생에서 우리가 온전히 완벽해지지는 않을 것이다. 하지만 죄를 짓지 않고 살려는 욕구가 우리 안에 자리 잡을 것이다. 새 삶의 패턴이 우리 안에 형성되기 시작한다. 죄에 빠진 옛 관행들이 갑자기 사라진다. 우리가 위로부터 날 때 말씀에 순종하는 새로운 삶이 시작된다.

분명히 기억하라. 우리의 순종이 새 생명을 낳는 것이 아니다. 하나님께로부터 말미암는 새 생명이 이 순종을 가능케 한다. 이 순종의 새 생명은 새로 태어난 아기가 성장하는 모습과 같다. 태어난 아기는 날마다 자란다. 중생이 있는 곳에도 언제나 성화를 통한 영적 성장이 따른다. 새 마음은 항상 하나님께 순종하는 새로운 생활 양식을 수반한다.

몇 년 전의 일이다. 외관상으로 니고데모처럼 매우 도덕적으로 보이는 사람이 있었다. 그는 우리 교회에서 리더로 섬겼으며 모두가 그를 존경했다. 하지만 그는 거듭난 적이 없었다(우리도 몰랐고, 그도 몰랐다). 설교를 통해 하나님의 말씀을 들으면서 그는 자신이 거듭나지 못한 사람이라는 것을 확실히 알게 되었다. 자신의 삶에서 거듭남의 증거를 찾을 수 없었기에, 그는 자신이 멸망으로 향하고 있다고 확신하게 되었다.

그러나 그의 마음에 말씀의 씨앗이 심겨졌고, 하나님이 그 씨를 싹 틔우셔서 그리스도 안의 새 생명이 되었다. 외관상 완벽했지만 내면은 공허했던 그 사람이 거듭났다. 하나님이 그 사람 안에서 일으키신 변화를 모두가 볼 수 있었다. 갑자기 그는 하나님을 사랑하는 새 마음을 지니게 되었다.

만일 그와 같은 마음의 변화가 아직 당신 안에 일어나지 않았다면, 하나님께 거듭나게 해 달라고 간구하라. 오직 하나님만이 당신 안에서 그 일을 행하실 수 있다. 당신은 하나님께서 죽은 영혼 속에 새 생명을 창조하시는 일을 경험해야 한다. 그보다 더 큰 변화는 없다. 하나님이 당신의 돌 같은 마음을 제거하고 살처럼 부드러운 마음을 주실 때 모든 것이 새로워질 것이다. 당신은 결코 예전과 같지 않을 것이다. 그런 변화는 내적 존재 전체의 포괄적인 변화다. 당신의 내면에서부터 시작되는 전체적인 혁신이다. 하나님이 행하시는 그 이적으로 인해 당신은 그리스도 예수 안에서 새로운 피조물이 될 것이다.

당신은 어떠한가?

  당신의 삶에 이 포괄적인 변화가 일어났는가? 하나님을 향한 이 갈망을 느꼈는가? 당신 안에 거룩함을 추구하려는 새 욕구가 생겼는가? 당신은 말씀에 순종하는가? 만일 그렇지 않다면 겸손히 하나님 앞에 나아가라. 새 마음을 달라고 간구하라. 하나님은 그런 기도에 응답하는 것을 기뻐하신다.

  만일 하나님께서 당신의 마음을 변화시키셨다면, 기뻐하며 그분을 찬양하라. 지역 교회에 합류하고, 그리스도인으로 성장하도록 이끌어 줄 신앙의 선배를 가까이하라. 하나님과 교제하는 시간을 가능한 한 많이 확보하라. 하나님의 영감으로 기록된 말씀을 읽고 하나님께 기도함으로써 그분과의 관계를 점점 더 돈독히 하라. 하나님께서 당신을 지키시며 자라게 하실 것이다. 영원토록!

10.
하나님 나라에 들어가는 유일한 길

내가 네게 거듭나야 하겠다 하는 말을
놀랍게 여기지 말라

요한복음 3장 7절

　하나님 나라에 들어가는 것은 여러 가지 사항을 점검해야 하는 복잡한 일이 아니다. 혼란스러운 미로를 헤매고 다니는 것도 아니다. 천국에 들어가기 위해 앞이 보이지도 않는 계단을 올라가야 하는 것도 아니다.
　앞에 놓인 필수적인 계단은 단 하나다. 하나님 나라에 들어가기 위해서는 거듭나고 예수 그리스도를 믿으면 된다. 이것이 유일한 길이다.

예수께서 니고데모에게 "거듭나야 하겠다"(요 3:7)고 하신 말씀은 우리에게도 동일하게 적용된다.

하나님 자녀가 되는 데 필요한 모든 것은 매우 단순하다. 우리는 다시 태어나야 한다. 이 세상에 들어오기 위해 우리는 육체적으로 태어났다. 다른 길은 없었다. 이 한 가지 단계가 유일한 필수 요건이었다.

마찬가지로 구원이라는 영적인 영역에 들어가기 위한 필수 요건은 오직 거듭나는 것이다. 다른 것은 전혀 필요하지 않다.

당신은 거듭나야 한다

예수께서 종교 지도자인 니고데모에게 분명하게 밝히신 메시지가 바로 이것이다. 이 대화가 전개될 때 주님은 "내가 네게 거듭나야 하겠다 하는 말을 놀랍게 여기지 말라"(7절)고 말씀하셨다. 이스라엘의 이 지도적인 인물은 거듭남이 필요하다는 말씀에 놀라지 않아야 했다. 그는 다른 여느 사람과 다르지 않았다. 인간의 본성은 동일하다. 다른 여느 사람에게 적용되었던 구원은 니고데모에게도 적용되어야 했다.

하지만 니고데모는 예수님의 이 명령적인 요구에 놀랐다. "놀랍게 여기지"(다우마조)라는 말은 '의아하게 여기다, 감탄하다, 놀라다'라는 뜻이다. 예수님의 단호한 말씀이 이 종교 지도자를 당황시켰다. 예수님의 명령이 그를 휘청거리게 했다.

이 요구가 참된 것일까?

"저에게 하신 말씀인가요?"

니고데모는 "어찌 그러한 일이 있을 수 있나이까"(9절)라고 여쭈었다. 그는 도덕적으로 정결한 삶을 살고 있지 않았는가? 동료들보다 더 많은 선행을 행하지 않았던가? 하나님을 섬기는 일에 온전히 몰두하지 않았던가? 그는 지도적인 성경 교사가 아니었던가? 분명 그는 다른 사람들보다 더 나았다. 어떻게 예수께서 그에게 이 말씀을 하실 수 있단 말인가?

니고데모는 완전히 의표를 찔렸다. 그가 기대했던 것과는 정반대의 말씀이었다. 아마도 그는 자신의 확실한 구원을 확인받을 수 있을 거라고 생각했을 것이다. 그래서 예수님의 이 같은 선언을 들었을 때, 그는 말문이 막혔다. 이제껏 살면서 그와 같은 평가를 들은 적이 없었다.

그리스도를 알지 못하는 많은 사람들이 이러한 느낌을 받는다. 당신이 자신을 도덕적이며 곧은 사람이라고 믿을 때, 당신이 지옥으로 향하고 있다는 말을 들으면 충격을 받을 것이다. '선한 사람'임을 자부하는 당신이 하나님의 심판에 직면해 있다는 건 있을 수 없는 일로 느껴진다.

세상적인 공의의 기준으로 볼 때 당신은 전혀 나쁜 사람이 아니다.

지역 사회를 섬기고 친절을 베풀면서 살기 때문에 천국에 들어갈 수 있다고 생각하는 당신이 어떻게 반드시 거듭나야 한다고 믿을 수 있겠는가?

하나님이 명하시는 필수 요건

예수님은 이전에 말씀하셨던 거듭남의 필요성을 여기서 재차 단언하신다. 이번에는 훨씬 더 강한 표현을 쓰신다. 명령의 수위를 낮추기는커녕 오히려 더 강하게 말씀하신다. "네가 거듭나야 하겠다"(요 3:7 참조). 이는 거듭남이 의무 사항임을 강조하는 말씀이다. 예수님은 천국에 들어가기 위해 거듭남이 얼마나 필수적인지 강조하신다. 거듭남 외에는 구원을 얻을 방법이 없다. 니고데모는 이 요구에 대해 "싫으면 말고" 식의 태도를 취할 수 없었다. 천국에 들어가는 다른 길은 없다. 그는 반드시 거듭나야 한다.

도덕적 수준이 높은 사람이 들어갈 수 있는 다른 문은 없다. 우리가 누구이든, 범죄자이든 교회의 구성원이든, 동일한 거듭남을 경험해야 한다. 우리는 우리 자신이 거듭남이 절박하게 필요한 무기력한 죄인이라는 것을 직시해야 한다. 단지 그 점을 인식하는 데 그치지 않고 그 실재를 경험해야 한다.

하나님 나라에 들어가기 위해 절대적으로 거듭남이 필요한 이유는 무엇일까? 왜 거듭남 외에는 다른 길이 없을까? 이 중요한 질문에 대한 답을 숙고하는 것이 중요하다.

더러워진 마음으로는 들어가지 못한다

첫째, 거듭남이 절대적으로 필요한 이유는 하나님 나라의 바깥에서 사는 사람이 도덕적으로 더럽혀진 상태이고 내적으로 죄에 오염되어 있기 때문이다. 그의 내면이 깨끗해지기 전에는 누구도 하나님 나라에 들어가지 못한다. 앞에서 보았듯이, 예수께서 니고데모에게 "물과 성령으로"(5절) 나야 한다고 말씀하신 것도 바로 이 때문이다.

앞에서 논의했듯이, 물은 거듭남을 통해 성령께서 사람의 영혼을 깨끗하게 하시는 것을 나타내는 상징이다. 물은 중생할 때의 내적 정결을 상징한다. 지울 수 없는 죄의 얼룩을 죄인의 영혼에서 깨끗이 씻을 수 있는 방법은 이것뿐이다.

니고데모가 거듭나야 하는 이유는 그의 영혼이 죄로 더러워졌기 때문이다. 다른 모든 사람들과 마찬가지로 니고데모도 죄를 범하여 하나님의 영광에 이르지 못했다(롬 3:23). 성경은 "의인은 없나니 하나도 없으며"(롬 3:10)라고 말한다. 니고데모도 예외가 아니다. 그는 죄를 범했고 거룩하신 하나님께로부터 분리되었다. 그의 모습 그대로 하나님께 나아가지 못한다. 하나님은 너무나 거룩하시고 니고데모는 너무나 죄가 많다. 둘 사이에는 엄청난 간격이 있다. 그런데 니고데모는 아직 이 사실을 깨닫지 못했다.

하나님은 절대적으로 거룩하시다

하나님은 거룩하시다는 진리가 거듭남이 절대적으로 필요한 이유다. 이사야 6장에서 이사야 선지자는 하나님의 거룩하심에 대한 이상을 본다. 그는 하나님의 보좌 곁에서 "거룩하다 거룩하다 거룩하다 만군의 여호와여 그의 영광이 온 땅에 충만하도다"(사 6:3)라며 밤낮으로 외치는 스랍들을 보았다. 그때 이사야는 "화로다 나여 망하게 되었도다 나는 입술이 부정한 사람이요 나는 입술이 부정한 백성 중에 거주하면서 만군의 여호와이신 왕을 뵈었음이로다"(5절)라는 반응을 보일 수 있을 뿐이었다. 사람이 하나님의 거룩하신 영광을 얼핏 보기만 해도, 그에 대한 올바른 반응은 이사야처럼 자신의 죄를 깊이 자각하는 것이다.

"거룩하다"(히브리어로 카도쉬)는 이중의 의미를 지닌다. 이 단어는 '분리'를 뜻하는 어근에서 유래했다. 그 개념은 어떤 물건을 양분하여 분리시킨다는 것이다. 즉 하나님의 거룩하심은 타락한 피조물로부터 하나님을 분리시킨다.

거룩하신 하나님은 모든 피조물 위의 높은 하늘에 계시며 만물을 통치하신다. 이 진리는 하나님이 높고 초월적이며 그의 영광과 위엄이 장엄하심을 계시한다. 그는 죄악된 인류로부터 분리되신다. 그래서 하나님은 "가까이 가지 못할 빛에 거하시고 어떤 사람도 보지 못하였고 또 볼 수 없는" 분이시다(딤전 6:16). 죄악된 인간의 눈으로는 하나님의 거룩하심을 보지 못한다. 거룩하신 하나님과 타락한 인간 사이에는 넓은 간격이 있다.

하나님의 도덕적 완전성

하나님의 거룩하심의 두 번째 의미는 그분의 도덕적 완전성에 대한 것이다. 하나님은 성품에 있어서 절대적으로 흠이 없으시다. 그는 흠이 없고 죄도 없으시며 불완전한 부분도 전혀 없으시다. 성경은 "하나님은 빛이시라 그에게는 어둠이 조금도 없으시다"(요일 1:5)고 말한다. 하나님 안에는 도덕적 흠이 전혀 없다. 그분의 신성의 모든 면이 완벽하게 순수하다.

따라서 죄 있는 인간은 타락한 상태에서 하나님의 거룩하신 임재 속으로 들어가지 못한다. 하박국 선지자는 유다 심판이라는 문제를 놓고 하나님과 씨름한다. 하나님의 성품에 대해 하박국은 "주께서는 눈이 정결하시므로 악을 차마 보지 못하시며 패역을 차마 보지 못하시거늘"(합 1:13)이라고 말한다. 이는 하나님이 거룩하시기 때문에 죄인을 인정하실 수 없다는 뜻이다. 모든 죄인은 자신의 사악함 때문에 정죄를 받는다.

성령으로 나야 한다

도덕적 흠을 지닌 우리가 거룩하신 하나님 앞에 나아가기 위해서는 먼저 거듭나야 한다. 더럽혀진 인간이 중생의 정결을 통해 하나님 보시기에 깨끗해진다. 죄 있는 인간이 하나님께 받아들여지려면 거듭남이 필수적이다. 성령으로 깨끗해진 사람만이 하나님께 인정을 받을 수 있다.

예수님께서 니고데모에게 거듭나야 한다고 말씀하신 것도 바로 이 때문이다.

종교는 사람의 영혼을 더럽힌 도덕적 오염을 씻어 내지 못한다. 많은 선행이 내면의 오염을 깨끗하게 하지 못한다. 하나님 앞에서 인정을 받으려면 물로 태어나야 한다. 즉 성령으로 나야 한다.

눈먼 사람은 보지 못한다

거듭남이 필수적인 또 다른 이유는 영적으로 눈먼 사람은 하나님 나라를 보지 못하기 때문이다. 앞에서 예수님이 이 요구사항을 언급하셨다. "사람이 거듭나지 아니하면 하나님의 나라를 볼 수 없느니라"(요 3:3). 이 구절에서 "볼"(에이돈)이라는 말은 '이해하며 본다'는 뜻을 지닌다. 즉 인식력이나 분별력을 가지고 하나님 나라의 진리를 보는 것이다.

다시 말해 우리가 천국의 일들을 올바르게 인식하려면 먼저 거듭나야 한다. 회심하지 않은 사람은 모두 영적으로 눈먼 상태이기 때문에 복음의 진리를 이해하지 못한다. 그런 사람은 이 진리들이 자신의 삶에 어떻게 연관되는지 이해하지 못한다.

이와 같이 영적으로 눈먼 상태에 대해 바울은 이렇게 말한다. "이 세상의 신이 믿지 아니하는 자들의 마음을 혼미하게 하여 그리스도의 영광의 복음의 광채가 비치지 못하게 함이니"(고후 4:4).

마귀가 불신자들의 이해력을 어둡게 하여 복음의 필요성을 보지 못하게 하고, 거듭나지 않은 모든 사람의 눈을 멀게 한다. 검은 가리개로 그들의 영적인 눈을 덮는다.

마귀는 세상의 유혹이 복음의 진리보다 더 매력적인 것처럼 보이게 한다. 불신자들은 그들의 마음이 어두워져서 천국에 들어가는 길을 보지 못한다. 그 결과 진리의 빛을 거부하고 복음을 거절한다. "하나님을 알되 하나님을 영화롭게도 아니하며 감사하지도 아니하고 오히려 그 생각이 허망하여지며 미련한 마음이 어두워졌나니"(롬 1:21).

거듭남이 필수적인 이유는 그것이 눈먼 상태로 어둠 속에서 사는 이들에게 영적인 시력을 주기 때문이다.

예수 그리스도를 구주와 주님으로 볼 수 있기 전까지는 누구도 그분을 믿지 못한다. 사람이 천국에 들어가려면 먼저 하나님이 그에게 영적인 눈을 주셔야 한다.

요한복음 9장에 따르면 예수님은 한 소경을 치유하여 시력을 갖게 해 주셨다(요 9:1-41). 주님은 진흙을 이겨서 그의 눈에 바르신 다음, 실로암 못에 가서 씻으라고 하셨다. 실로암 못은 예루살렘에서 담수의 근원이었으며, 가난하고 병든 사람들이 종종 목욕을 하러 갔던 곳이다. 소경이 예수님의 지시대로 행했을 때 그의 시력이 회복되었다. 그 이적은 바리새인들 사이에 논란을 야기했다.

예수님은 거듭남이 어떤 것인지 알려 주시기 위해 그 이적을 실물 교훈으로 삼으셨다. 그것은 죄로 눈먼 자들에게 영적인 시력을 주시는 하나님의 은혜로운 행위이다. 예수께서는 "보지 못하는 자들은 보게"(요 9:39) 하려고 오셨다. 이것은 영적으로 눈먼 자들에 대한 언급이며, 또한 이 치유는 바리새인들이 눈먼 어둠의 상태에 처해 있음을 보여 주었다.

니고데모도 그 눈먼 바리새인들 중 하나였다. 그는 영적 어둠의 세계에 살고 있었고, 하나님 나라에 들어가는 것과 관련된 가장 기본적인 영적 진리도 보지 못했다. 평생 성경을 공부했지만, 그는 자신의 영적 파탄 상태를 직시하지 못했다. 거듭남이 하나님께서 행하시는 일이라는 것을 이해하지 못했다. 성령께서 그의 눈을 여셔야 한다. 그렇게 하시지 않으면 니고데모는 결코 하나님 나라에 들어가지 못할 것이다.

완고한 의지는 복종하지 못한다

거듭남이 필수적인 세 번째 이유는, 하나님 나라 바깥의 사람들이 완고하여 하나님의 권위에 복종하지 않기 때문이다. 그들은 마치 거역하는 자녀처럼 복음에 자신을 겸손히 복종시키지 않는다. 그들의 마음은 반항적이며, 그리스도 앞에서 자신을 겸손히 낮추려 하지 않는다. 그들은 목이 뻣뻣하여 복음을 거부하며, 그들의 마음은 불신으로 굳어 있다.

그러나 거듭남을 통해서 그들의 굳은 마음이 예수 그리스도를 사랑하는 부드러운 마음으로 바뀐다. 이 부드러운 새 마음은 예전에 미워했던 주님을 사랑하며, 예전에 사랑했던 죄를 미워한다. 영적으로 뻣뻣한 마음이 그리스도의 주권에 복종하는 마음으로 바뀐다. 영적으로 완고한 마음이 하나님의 일들에 대해 부드러워져서 진리를 받아들인다.

또한 거듭남을 통해서 반항적인 죄인들이 은혜로 겸손해진다. 예전에 교만했던 사람들이 하나님 앞에서 낮아진다. 자기중심적인 자율과 자기 결정이 없어진다. 자기 망상도 없어진다. 이러한 옛것들이 사라진다. 그 대신 하나님 앞에 겸손히 복종한다. 새로운 겸손이 마음에 가득해진다. 그 누구도 교만하게 으스대며 하나님 나라에 들어가지 않는다. 거듭남은 그러한 교만을 부순다. 겸손이 영혼을 채운다. 새 주인이 그의 마음을 다스리신다.

죽은 영혼은 믿지 못한다

거듭남이 필수적인 네 번째 이유는, 하나님 나라의 바깥에 있는 사람은 누구나 영적 시체이며 그리스도를 믿지 못하기 때문이다. 중생하지 못한 영혼은 "허물과 죄로" 죽은 상태다(엡 2:1). 또한 "범죄"로 죽은 상태이다(골 2:13).

영적으로 죽은 그들은 구원의 영역으로 들어가기 위한 믿음의 단계를 전혀 밟지 못한다. 죽은 사람들은 믿음으로 그리스도께 나아가지도 못한다. 그들은 생명이 없기 때문에 복음을 믿지 못한다. 회개할 수 있는 도덕적인 능력도 지니고 있지 않다. 그런 사람은 복음의 진리에 반응하지 못한다. 그러므로 복음을 믿기 위해 우리는 먼저 영적으로 부활해야 한다.

거듭나지 않고서는 그 누구도 예수 그리스도를 믿을 수 없다. 죄 가운데서 죽은 상태인 사람은 영적 진리 앞에서 아무런 반응을 보이지 않는다.

우리가 구원 얻는 믿음을 표현하려면 먼저 하나님이 우리를 거듭나게 하셔야 한다. 거듭남은 우리가 복음에 반응할 수 있는 영적 역량을 갖추게 한다. 그리스도를 믿는 산 믿음이 생기게 하는 것이 바로 거듭남이다.

영혼의 중생은 새 마음에 새 생명을 공급한다. 이와 같이 영적인 생명이 공급됨으로써, 예전에 죄 가운데서 죽었던 자들이 그리스도를 믿을 수 있게 된다. 거듭나는 순간에 복음의 부르심을 들을 수 있는 귀가 열린다. 그의 발이 그리스도를 향해 달려간다. 그의 손이 그리스도를 믿음으로 붙든다. 또한 거듭남은 죄의 속박에서 풀려나 예수 그리스도를 믿는 자유로운 의지가 생겨나게 한다. 거듭남을 통해 살아나기 전까지는 그 누구도 하나님 나라에 들어가지 못한다.

타협이 불가능하다

예수께서 니고데모에게 거듭나야 한다고 강조하신 것이 놀랄 만한 일일까? 그의 삶에 자리 잡은 죄의 요새를 고려할 때, 왜 예수님이 그에게 거듭나야 한다고 말씀하셨는지가 분명해진다. 거듭나지 않고서는 하나님 나라에 들어갈 수 없다. 니고데모가 아무리 종교적이라도, 성경을 아무리 많이 알아도, 혹은 영적인 훈련을 아무리 열심히 받았더라도, 하나님 나라를 보거나 거기에 들어가려면 거듭나야 한다. 이 한 가지 필수사항에서 니고데모 역시 제외될 수 없다.

예수께서 니고데모에게 하신 말씀은 우리 각자를 향한 것이다.

우리가 하나님 나라에 들어가려면 우리도 거듭나야 한다. 이 한 가지 요구사항은 시대를 불문하고 타협이 불가능하다. 2천 년 전에 참이었던 것이 지금 이 순간에도 참이다.

우리는 거듭나야 한다.

놀라지 말라

이와 같은 거듭남의 필수성이 오래전의 니고데모처럼 당신도 놀라게 하는가? 주님이 당신에게 이 말씀을 하신다면 당신도 놀랄 것인가? 이 요구 사항이 당신의 마음을 휘청거리게 하는가? 예수님의 말씀이 당신에게도 충격적인가?

어쩌면 당신은 자신을 도덕적으로 선한 사람이라고 여기기 때문에 이와 같은 거듭남이 필수적이지 않다고 생각할 수 있다. 아마도 당신은 종교적인 가정에서 자랐을 것이다. 교회에서 결혼식을 올렸을 수도 있다. 시간과 물질을 들여서 다른 사람들을 도왔을 수도 있다.

그러나 하나님은 그와 같은 선행이 당신의 거듭남에 아무런 기여도 하지 못한다고 말씀하신다. "너희는 그 은혜에 의하여 믿음으로 말미암아 구원을 받았으니 이것은 너희에게서 난 것이 아니요 하나님의 선물이라 행위에서 난 것이 아니니 이는 누구든지 자랑하지 못하게 함이라"(엡 2:8-9).

당신의 종교 활동이 하나님과의 올바른 관계를 보장하지 못할 것이다. 예수님은 니고데모에게 그러셨던 것처럼, 당신에게 일어나는 참된 변화의 필수성을 강조하신다.

11.
가장 위대한 이적

바람이 임의로 불매 네가 그 소리는 들어도
어디서 와서 어디로 가는지 알지 못하나니
성령으로 난 사람도 다 그러하니라

요한복음 3장 8절

하나님의 가장 위대한 이적은 거듭남이다. 예수께서 2천 년 전에 물을 포도주로 변하게 하신 것보다 더 위대한 이적은 죄로 물든 심령을 정결하게 변화시키시는 것이다. 베데스다 못에서 소경의 눈을 뜨게 하신 것보다 더 위대한 이적은 영적인 눈을 주셔서 복음의 영광스러운 빛을 보게 하시는 것이다. 죽은 나사로를 살리신 것보다 더 위대한 이적은 영혼을 부활시켜 영생을 주시는 것이다.

하나님의 능력은 거듭남에서 가장 크게 드러난다. 영적으로 하나님이 보여 주시는 능력은 물리적인 세계에서 보여 주시는 것보다 더 크다. 하나님이 말씀으로 모든 피조물을 지으신 것보다 사람을 새로운 피조물이 되게 하시는 능력이 더 크다. "빛이 있으라"고 말씀하신 것보다 죄로 어두워진 영혼에 영적인 빛을 비추시는 능력이 더 크다. 자연을 만드신 것보다 우리 안에 새 성품을 만드시는 능력이 더 크다. 산모의 배 속에 새 생명을 만드시는 것보다 심령 속에 새 생명을 만드시는 능력이 더 크다.

기초적인 진리

예수님은 니고데모에게 거듭나게 하시는 하나님의 강력한 사역에 대한 진리를 분명하게 밝히셨다. "바람이 임의로 불매 네가 그 소리는 들어도 어디서 와서 어디로 가는지 알지 못하나니 성령으로 난 사람도 다 그러하니라"(요 3:8). 이 말씀을 통해 예수님은 그 종교 지도자가 자신의 중생이 철저히 자신의 능력 밖에 있다는 것을 알기 원하셨다. 그의 거듭남은 전적으로 하나님의 뜻에 의존되었다. 만일 니고데모가 거듭나야 한다면, 그것은 그의 선택이 아니다. 그것은 오직 하나님의 뜻에 따라 결정되는 것이다.

예수님은 하나님의 독자적인 특권에 대한 이 진리를 바람에 대한 비유로 가르치셨다. 사실 "영"(프뉴마)에 해당하는 헬라어는 "바람"과 같은 단어다. 이 비유에서 전하는 평행 관계에는 의도가 담겨 있다. 즉 물리적인 영역에서 바람이 작용하는 것은 영적인 영역에서 성령이 사역하시는 것과 같다.

이 비유를 통해 예수께서 가르치려고 하신 것이 무엇일까? 이 장에서 우리는 바람의 움직임이 거듭날 때 역사하시는 성령을 어떻게 예시하는지에 관한 네 가지 중요한 측면에 초점을 맞출 것이다. 이 네 가지 진리를 통해 우리는 성령이 사람에 의존하지 않고 그분의 뜻에 따라 역사하신다는 것을 알게 될 것이다.

오직 하나님만이 바람을 보내신다

첫째, 예수님은 바람의 움직임을 그 누구도 지시할 수 없다고 언급하신다. "바람이 임의로 불매." 바람은 우리의 통제와 무관하게 움직인다. 바람은 어디든 하나님이 원하시는 방향으로 분다. 우리 뜻에 따라 움직이지 않는다. 그것은 전적으로 하나님의 주도하심에 달려 있다. 사람은 바람의 방향에 아무 영향도 미치지 못한다. 그 누구도 바람의 움직임을 조종하지 못한다. 하나님만이 바람의 길을 인도하신다.

성경은 이러한 진리를 뒷받침한다. "하나님이 바람을 땅 위에 불게 하시매"(창 8:1). 바람은 정확히 하나님이 보내시는 곳으로 간다. 일기

예보관이 대서양에서 발생한 허리케인이 특정 지역에 비를 뿌릴 거라고 말한다 해도, 그 바람은 경로를 바꾸어 다른 곳으로 향할 수 있다. 이는 바람이 자신의 길을 따르기 때문이다. 바람은 우리와 의논하지 않는다. 특정한 지시를 따르지도 않는다. 우리는 바람의 길을 정확히 예견할 수 없으며, 그것을 통제하는 것은 더더욱 불가능하다. 바람의 방향을 지시하시는 분은 오직 하나님뿐이다.

성령의 거듭나게 하시는 사역도 그러하다. 성령은 성부 하나님의 영원하신 뜻대로 움직이신다. 성령의 바람이 하나님의 택하심을 받은 자들의 삶으로 들어간다. 성령이 취하시는 길은 성부의 주권적인 뜻에 따른 것이다. 성령은 영적으로 죽은 영혼들을 중생케 하시기 위해 하나님이 보내시는 곳으로 움직이신다. 이 길은 우리의 의지와 무관하다. 그 누구도 성령을 통제하거나 그분의 활동을 규제하지 못한다. 거듭남은 성령의 독자적인 활동에 따른 것이다.

그 누구도 바람을 멈출 수 없다

둘째, 예수님은 바람이 불가항력적이라는 것을 가르치셨다. 사람은 바람이 땅 위로 부는 것을 가로막지 못한다. 바람이 힘차게 몰아치면 앞에 놓인 것을 모조리 제압한다. 허리케인의 중심부에서는 거대한 나무도 날아간다. 건물들이 무너진다. 자동차가 전복된다. 토네이도가 덮치면 지역 사회가 파괴된다. 경이로운 힘으로 앞에 놓인 모든 것을 제압한다. 멈추지 않는 바람은 그렇게 모든 것을 굴복시킨다. 예수님이 대비하시려는 것은 분명하다. 거듭나게 하시는 성령의 전능하신 움직임은 불가항력적이다. 하나님의 의지는 인간의 의지보다 훨씬 더 강하다. 성령은 인간의 교만을 깨트리신다. 우리의 반역을 진압하시고 오래도록 그리스도를 거부해 온 사람들의 모든 변명을 꺾으신다. 성령의 바람이 불면 복음을 대적하는 모든 편견이 날아간다. 완고한 심령이 낮아진다. 또한 성령은 굳은 마음을 부드럽게 하여 우리로 하여금 그리스도를 믿게 하신다.

중생을 통해 성령이 권능을 펼치실 때, 당신을 가로막는 모든 장애물이 제거된다. 성령의 바람이 불 때 인간의 마음은 그리스도의 주권에 순종한다. 성령께서 반항하는 심령을 그분의 권능에 복종시키신다.

바울이 빌립보에서 복음을 전할 때의 상황이 그러했다. 사도가 그곳에서 진리를 선포할 때 두아디라 출신의 루디아라는 여자가 경청하고 있었다. 그녀는 막연하게 하나님을 예배했지만, 그녀의 마음은 복음 가까이에 머물고 있었다. 그리고 사도가 구원의 메시지를 전했을 때 "주께서 그 마음을 열어 바울의 말을 따르게" 하셨다(행 16:14). 그때까지는 그녀의 마음이 닫혀 있었지만, 이제는 그렇지 않았다.

바울이 복음을 전했을 때 성령께서 그녀의 영혼의 닫힌 문을 여셨다. 구원의 진리가 그녀의 마음속에 들어가 그리스도를 믿게 되었다. 그녀의 삶이 극적으로 변했다. 루디아는 그리스도 안에서 새 사람이 되었다. 그 후 바울 일행은 루디아의 집에 머물렀다. 환대하는 사랑은 그녀의 마음속에 일어난 이적적인 변화의 결과였다.

바람은 보이지 않는다

셋째, 예수님은 인간의 눈으로 바람을 볼 수 없다고 하셨다. 그 누구도 바람을 보지 못한다. 그러나 그것이 움직이는 힘은 분명하게 느낄 수 있다. 우리는 바람이 미는 힘을 느낄 수 있다. 바람의 영향을 볼 수 있다. 강하게 부는 바람은 우리에게 두려움을 불러일으킨다.

거듭남에 대한 성령의 역사도 마찬가지다. 그 누구도 중생케 하시는 성령을 보지 못한다. 성령은 인간의 눈으로 볼 수 있는 물질적 형체를 지니시지 않는다. 육안으로는 성령을 보지 못한다. 하지만 우리는 성령의 사역에 따른 강력한 효력을 분명하게 볼 수 있다. 성령의 역사를 통해 우리는 죄를 자각하며 하나님을 두려워하게 된다. 성령은 보이지 않지만 마음속에서 분명히 역사하신다.

그리스도께로 돌이키기 전의 당신의 삶을 생각해 보라. 당신은 복음의 진리를 계속 거역했다. 여러 해 동안 당신은 예수 그리스도를 믿고 하나님 나라에 들어가기를 거부했다. 하지만 어느 날 예기치 않게 다른 반응을 보였다. 구원하시는 하나님의 자비가 간절히 필요하다고 느꼈다. 당신의 교만한 마음이 낮아졌다. 복음의 진리를 받아들이게 되었다. 당신의 반응이 달라진 이유가 무엇일까?

이 질문에 대한 답은 당신 안에 있지 않다. 당신이 더 좋은 사람이 되어서 믿을 수 있게 된 것이 아니다. 당신이 하룻밤 만에 더 명석해진 것이 아니다. 당신의 반응이 달라진 것은 오직 하나님 덕분이다. 당신의 육안에는 보이지 않지만, 하나님의 보이지 않는 손이 당신의 영혼에 강력하게 작용했다. 성령이 개입하셔서 당신의 오랜 변명들을 모조리 제거하셨다. 성령이 당신의 옛 삶을 끝장내셨다. 당신은 거듭났다. 예전에는 그리스도를 믿지 않았지만, 갑자기 죄를 자백하고 그리스도께 자신을 맡겼다. 생명을 주시는 성령께서 당신의 마음속에 구원 얻는 믿음을 탄생시키셨다.

오순절에 베드로가 설교했을 때, 돌처럼 굳은 마음을 지녔던 많은 사람이 갑자기 자신의 죄를 자백했다. 불과 몇 주 전까지 그들은 그리스도를 십자가에 못 박으라고 외쳤던 군중이었다. 하지만 이제 그들 자신의 마음이 찔려서, "우리가 어찌할꼬"(행 2:37)라며 소리쳤다. 베드로는 회개하라고 말했고, 그 자리에서 삼천 명이 구원을 받았다. 그와 같은 차이가 생긴 원인은 무엇인가? 그것은 성령으로부터 비롯되었다. 성령이 죄를 깨닫게 하셔서 그들이 거듭났다.

당신이 성령으로 거듭날 때 하나님께서 하시는 일이 바로 이것이다. 복음을 거부했던 사람이 예수 그리스도를 믿게 되는 것은 죄를 깨닫게 하고 마음을 여시는 성령님의 사역이다.

그 누구도 바람의 방향을 알 수 없다

넷째, 예수님은 바람이 부는 방향을 사람이 알 수 없다고 하셨다. 사람은 바람이 나아가는 경로를 설명할 수 없다. 그 길은 사람의 예측 능력을 넘어선다. 기상학자들은 바람이 언제 어디로 불 것인지 정확히 예측할 수 없다는 것을 오랫동안 보여 주었다. 폭풍이 기상예보와 정반대 방향으로 몰아치는 경우가 너무 많다. 바람의 움직임은 불가사의하다. 그 길은 예측할 수도 설명할 수도 없다.

1943년 텍사스 해안에 폭풍이 다가와 불과 며칠 만에 강력한 허리케인으로 돌변했다. 132mph의 허리케인이 건물들과 주택들과 교회들을 파괴했다. 아무도 허리케인의 경로를 저지하거나 바꿀 수 없었다. 그 지역의 주민들은 그 바람의 길을 예측할 수 없었다.

거듭남에 대한 성령의 움직임도 그러하다. 성령이 움직이시는 방향은 예측될 수 없다. 겉으로 볼 때 회심할 가능성이 아주 많아 보이는 사람이 회심하지 않는 경우가 있다. 또 우리 생각에 결코 믿지 않을 것 같은 사람이 믿는 경우도 있다. 거듭남에 대한 하나님의 방식은 이처럼 헤아릴 수 없다. 성령의 바람이 불 때, 그분은 종종 의외의 길을 택하신다. 그분은 종종 우리가 거의 기대하지 않은 사람들에게 역사하신다.

다시 말해 성령이 취하시는 길은 우리가 헤아릴 수 없다. 우리 중 그 누구도 성령이 다음에 하실 일을 알 수 없다. 솔로몬은 설명할 수 없는 이 불가사의를 인식하고 있었다. "바람의 길이 어떠함과 아이 밴 자의 태에서 뼈가 어떻게 자라는지를 네가 알지 못함 같이 만사를 성취하시는 하나님의 일을 네가 알지 못하느니라"(전 11:5). 하나님이 태중에 있는 아기를 언제 어떻게 잉태시키시는지는 오직 그분만이 아신다. 사람의 심령 속에 새 생명을 만드시는 영적 잉태 또한 불가사의다.

선지자 이사야도 성령의 방식을 헤아릴 수 없다는 것을 알았다. 심판의 때에 이사야는 이스라엘 백성들에게 위로와 소망의 메시지를 전했다. 그는 하나님의 위엄에 관하여 다음과 같이 말했다. "누가 여호와의 영을 지도하였으며 그의 모사가 되어 그를 가르쳤으랴 그가 누구와 더불어 의논하셨으며 누가 그를 교훈하였으며… 통달의 도를 보여 주었느냐"(사 40:13-14). 이 질문의 의미는 분명하다. 성령이 행하시는 길은 인간의 이성으로 헤아릴 수 없지만, 그분은 언제나 완벽한 지혜로 역사하신다. 사도 바울도 같은 사실을 인식했다. "깊도다 하나님의 지혜와 지식의 풍성함이여, 그의 판단은 헤아리지 못할 것이며 그의 길은 찾지 못할 것이로다 누가 주의 마음을 알았느냐 누가 그의 모사가 되었느냐"(롬 11:33-34). 이 질문에 대한 답은 너무나 자명해서 사도가 굳이 대답할 필요가 없었다. 그 누구도 구원 과정에서 하나님이 택하시는 길을 알지 못한다. 중생에 관한 그분의 방식은 우리의 이해를 넘어선다.

우리는 하나님이 신뢰하기에 합당하신 분이라는 것을 알기 때문에 그분의 주권적 의지에 따른 선택에 의지한다. 또한 그분의 길이 완전하시다는 것을 알기에 구원받지 못한 가족 구성원을 위해 계속 기도할 수 있다. 그분을 온전히 이해할 수는 없지만, 우리는 그분의 선택이 언제나 크신 사랑으로 말미암는다는 것을 알고 있다. 하나님이 거듭나게 하시는 사람들을 통해 그분의 초월적인 방식이 드러난다.

동전의 양면

1장에서 보았듯이 사도 요한은 중생과 회심이 동전의 양면과 같음을 가르친다. "영접하는 자 곧 그 이름을 믿는 자들에게는 하나님의 자녀가 되는 권세를 주셨으니 이는 혈통으로나 육정으로나 사람의 뜻으로 나지 아니하고 오직 하나님께로부터 난 자들이니라"(요 1:12-13).

요한은 먼저 거듭남의 **결과**를 묘사한 다음에 그것의 **원인**을 묘사한다. 거듭남의 결과는 우리가 믿음으로 그리스도를 우리 삶 속에 영접하는 것이다.

그렇다면 우리가 어떻게 그분을 믿게 되는 것일까?

13절 앞부분은 부정적인 표현이다. 우리는 "혈통으로나 육정으로나 사람의 뜻으로 나지" 않았다. 뒷부분은 긍정적인 표현으로서, 우리가 어떻게 거듭났는지 가르친다. 이 말씀을 보다 상세히 숙고할 필요가 있다.

혈통으로 물려받은 것이 아니다

우리는 "혈통으로" 거듭난 것이 아니다. 즉 거듭남은 우리의 육체적인 출생이나 가족의 혈통과 아무런 상관이 없다. 우리 부모가 그리스도인이라고 해서, 우리가 기독교 가정에서 성장한다고 해서 자동으로 거듭나는 것이 아니다. 하나님께는 영적 손자녀가 없다. 우리는 혈통과 무관하게 그리스도 안에서 새 생명을 지녀야 하며, 그것은 오직 성령의 중생케 하시는 사역을 통해서만 가능하다.

노력으로 얻는 것이 아니다

또한 우리는 "육정으로" 거듭나는 것이 아니다. 이는 우리의 중생이 우리 자신의 도덕적 노력이나 종교적 행위의 결과가 아님을 뜻한다. 우리 자신의 노력으로는 하나님 나라에 들어가는 데 요구되는 '완전'이라는 기준에 결코 도달하지 못한다. 또 다른 구절에서도 사도 바울은 이 사실을 분명히 밝힌다. "우리를 구원하시되 우리가 행한 바 의로운 행위로 말미암지 아니하고 오직 그의 긍휼하심을 따라 중생의 씻음과 성령의 새롭게 하심으로 하셨나니"(딛 3:5). 사도 요한과 마찬가지로, 바울도 중생이 우리의 의로운 행위로 말미암지 않는다고 말한다. 즉 그것은 우리의 자선 기부나 나그네를 대접하는 것으로 이루어지지 않는다. 그것은 하나님의 과분하신 자비로 인한 것이다.

인간의 선택이 아니다

우리는 "사람의 뜻으로" 거듭나는 것이 아니다. 이 사실은 매우 중요하다. 왜냐하면 구원받지 못한 상태에서 하나님을 향한 우리의 의지는 죽어 있을 뿐 아니라 제시되는 모든 진리에 제대로 반응하지 못하기 때문이다.

"죽은" 상태일 때 우리는 자유의지로 그리스도께 나아가지 않는다. 그럴 능력이 없다. 우리가 죄의 무덤 속에 놓여 있을 때 우리의 의지는 죄에 속박되어 있고 하나님을 향하지 않는다. 우리는 오직 한 가지 방향만(죄악만) 선택할 힘이 있다.

이 중요한 진리는 '의지의 속박'으로 알려져 있다. 이것은 우리가 거듭나기 전에는 우리의 의지가 죄에 예속되어 있음을 가르친다. 우리는 마귀와 어둠의 왕국에 예속되어 있다. 빛보다 어둠을 사랑하며 올바른 것을 추구하지 않는다. 새 주인이신 예수 그리스도를 선택할 힘을 지니고 있지 않다.

따라서 우리가 복음을 믿으려면, 먼저 성령께서 우리를 죄의 사슬에서 벗어나게 하셔야 한다.

하나님이 개입하셔야 한다

우리의 거듭남은 우리 안의 그 무엇으로 이루어지지 않는다. 전적인 하나님의 개입하심이다. 요한은 거듭남이 "하나님께로부터"(요 1:13) 말미암는다고 간명하게 단언한다. 중생은 전적으로 우리 마음속에서 진행되는 하나님의 강력한 개입에 따른 것이다. 이 은혜의 사역은 우리로 하여금 그리스도를 믿게 한다. 하나님이 언제나 다른 모든 것보다 앞서신다고 생각하는 것이 신학의 기본 원칙이다. 그분은 만물이 생기기 전부터 존재하셨다. 이 원칙은 우리의 거듭남에 가장 분명하게 적용된다.

사도 베드로는 하나님만이 우리를 중생케 하신다고 가르친다. "우리 주 예수 그리스도의 아버지 하나님을 찬송하리로다 그의 많으신 긍휼대로 예수 그리스도를 죽은 자 가운데서 부활하게 하심으로 말미암아 우리를 거듭나게 하사 산 소망이 있게 하시며"(벧전 1:3). 이것은 우리의 거듭남이 오직 하나님의 주권적인 행위로 말미암음을 뜻한다. 오직 그분만이 우리를 거듭나게 하신다. 따라서 그리스도 안에 있는 우리의 새 생명을 인하여 모든 찬양을 하나님께 돌리는 것이 마땅하다.

성경의 다른 곳에서도 하나님의 뜻이 우리를 거듭나게 하는 유일한 요인이라고 밝힌다. "그가 그 피조물 중에 우리로 한 첫 열매가 되게 하시려고 자기의 뜻을 따라 진리의 말씀으로 우리를 낳으셨느니라"(약 1:18). 이 구절은 우리의 거듭남이 오직 하나님의 뜻으로 말미암았다는 사실에 의문의 여지를 남기지 않는다. 오직 하나님만이 그분의 말씀을 도구로 삼아 우리를 중생케 하신다.

담대한 증언

구원에 관한 하나님의 주권은 그리스도의 복음을 전하는 우리에게 강력한 위안이 된다. 세상 사람들은 여전히 복음에 대해 완고하지만, 아무리 심하게 거부하는 마음도 성령으로 말미암아 곧바로 부드러워질 수 있다. 그들이 반대할지라도 우리는 그리스도를 전하는 일에 결코 소망을 잃지 말아야 한다. 그들이 아무리 분명하게 복음을 거부해도 우리는 회심하지 않은 이들을 위해 계속 기도하며 그들에게 복음을 전해야 한다. 성령이 역사하시면 그 누구도 그분의 사역을 거부하지 못한다. 마치 허리케인처럼, 성령의 능력은 그 어떤 사람의 저항도 능히 제압한다. 나는 허리케인 앨리로 알려진 지역에 살고 있다. 이따금 멕시코 만에서 강한 바람이 불어닥치는 곳이다. 그 바람이 육지에 들어서면 시속 100마일이 넘는다. 앞에 놓인 것을 모조리 넘어뜨린다. 나무들이 이쑤시개처럼 뽑힌다. 자동차들이 회전 초처럼 내동댕이쳐진다. 모든 것이 허리케인의 위력에 굴복한다. 전능하신 성령의 역사도 그러하다. 닫힌 마음이 열리고 불신이 제거된다. 구원 얻는 믿음이 영혼 속에 밀려든다. 따라서 우리는 우리 자신이 복음 전하는 일에 적합하지 않다고 염려하지 말아야 한다. 우리가 진리를 말할 때 성령께서 거듭남에 필요한 일을 친히 행하실 것이기 때문이다. 예수 그리스도를 증언할 때 우리는 이 진리를 믿고 담대해야 한다. 우리는 하나님의 은혜를 사람들에게 전하며 복음의 메시지를 널리 전할 수 있다. 하나님께서 택하신 자들을 구원하실 것이라고 믿을 때, 우리는 자유롭게 그리스도를 전할 수 있다.

"그러므로 너희는 가서 모든 민족을 제자로 삼아"(마 28:19)라는 예수님의 명령은 의무다. 우리의 소명은 예수 그리스도의 구원의 메시지를 세상에 전하는 것이다.

복음이 "모든 믿는 자에게 구원을 주시는 하나님의 능력"(롬 1:16)임을 알기에 우리는 담대할 수 있다. 하나님의 택하심을 입은 자들이 거듭나기 전에는 복음을 거부하겠지만, 성령께서 그 모든 상황을 제압하실 것이다. 성령이 움직이시면 그 누구도 막지 못한다.

12.
영원한 진리

> 니고데모가 대답하여 이르되 어찌 그러한 일이 있을 수 있나이까
> 예수께서 그에게 대답하여 이르시되
> 너는 이스라엘의 선생으로서 이러한 것들을 알지 못하느냐
>
> 요한복음 3장 9-10절

어떤 진리들은 성경에 너무나 분명하게 제시되어 있어서 그것을 읽는 사람 누구나 그 의미를 알고, 그것을 자신의 삶과 연관시킬 수 있다. 물론 모든 진리가 이처럼 명확하게 제시되어 있는 것은 아니다. 상대적으로 이해하기 쉬운 가르침들이 있다. 그러나 거듭남의 진리와 그것의 필요성은 성경에 너무도 분명하게 언급되어 있으므로 모두가 마땅히 그것을 이해할 수 있어야 한다.

예수께서 니고데모에게 알려 주신 것은 그가 당연히 알 것이라 기대하셨던 성경의 진리다. 중생에 대한 가르침은 너무도 기본적인 것이기 때문에 예수님은 그 저명한 교사가 그것을 당연히 알 것이라고 생각하셨다. 그래서 예수님은 이스라엘의 으뜸가는 선생인 니고데모가 그 진리를 충분히 이해하고 있어야 한다고 말씀하셨다. 니고데모는 영적인 심장 이식을 행하시는 성령의 사역에 대해 알고 있어야 했다. 그 핵심적인 가르침은 구약성경 전반에 제시되어 있다. 구약성경은 니고데모가 섭렵했던 책이 아닌가?

혼란스러운 상태

그 극적인 만남에서 니고데모는 예수께 "어찌 그러한 일이 있을 수 있나이까"(요 3:9)라고 여쭈었다. 그 종교 지도자는 자신에게 거듭남이 필요하다는 예수님의 말씀을 듣고 깜짝 놀란 것이 분명하다. "그러한 일"은 예수께서 말씀하신 성령의 사역의 특성을 가리킨다. "제가 영생을 얻는 것에 대해 하나님이 어떻게 통제하고 조정하신다는 것입니까?" 니고데모는 하나님과 자신의 관계를 **자신이** 통제하고 조정할 수 있다고 생각해 왔다. 하지만 예수님은 그에게 정반대로 말씀하셨다. 주님은 하나님과 니고데모의 관계에서 성령이 절대적인 권위를 지니셨다고 단언하셨다.

어떻게 그럴 수 있을까?

신비한 방문객이 찾아와서 "네 아내 사라에게 아들이 있으리라"(창 18:10)고 아브라함에게 말하는 것을 엿들었던 사라도 그와 유사한 반응을 보였다. 자신이 임신할 수 있는 나이가 훨씬 지났음을 알았기에 사라는 그 말을 불신하며 웃었다. 천상의 방문자는 그녀의 불신에 수사학적인 질문으로 대꾸했다. "여호와께 능하지 못한 일이 있겠느냐"(14절). 하나님이 불임 상태인 사라의 배 속에 이적적으로 생명을 만드셔야 했듯이, 니고데모의 죽은 심령 안에도 새 생명을 창조하셔야 했다.

어떻게 그럴 수 있을까?

마리아도 같은 질문을 했다. 자신이 아들을 잉태할 거라는 천사의 말을 듣고 도저히 믿을 수 없어서 "나는 남자를 알지 못하니 어찌 이 일이 있으리이까"(눅 1:34)라고 물었다. 그녀는 자신이 약속된 메시아를 낳을 거라는 말에 깜짝 놀랐다. 그러나 하나님의 능력과 주권을 인식했던 마리아는 복종하는 자세를 취했다. "주의 여종이오니 말씀대로 내게 이루어지이다"(38절).

거듭나야 한다는 예수님의 말씀을 들었던 니고데모도 그런 반응을 보여야 했다. 하지만 믿지 않는 완고한 마음 때문에 니고데모는 자신이 거듭나야 한다는 사실을 믿지 않으려 했다. 그래서 그리스도의 말씀을 거부했다.

어떻게 그럴 수 있을까?

니고데모는 자신이 처한 상태에서는 천국을 보지 못할 뿐 아니라 하나님과의 관계를 다시 시작해야 한다는 말씀을 듣고 깜짝 놀랐다. 그는 자신의 영적 생명이 완전히 망가진 상태라는 말씀을 들었다. 그의 모든 선행은 하나님 나라에 들어가는 데 아무런 기여도 하지 못했다. 그의 모든 종교적인 노력도 그를 천국에 더 가까워지게 하지 않았다. 그의 모든 성경 지식도 하나님과 더 가까워지게 하지 않았다.

그런 것들로 충분하지 않다면 니고데모의 영혼은 성령으로 씻겨야 했다. 그는 마치 더러운 물건 같았고, 하나님께 받아들여지려면 깨끗해져야 했다. 모든 부정한 것으로부터 자신을 분리시키는 바리새인이었던 그는 내면적으로 더럽혀진 상태였다. 그는 다른 모든 사람과 똑같았다. 새 마음이 필요했다.

더욱이 니고데모는 성령님이 원하시는 사람들의 마음속에 역사하신다는 말씀을 들었다. 그는 하나님의 구원사역을 전혀 통제할 수 없었다. 그는 전적으로 하나님의 자비에 의존된 존재였다.

영적인 어리석음

니고데모는 거듭나지 않았기 때문에 가장 기본적인 진리들을 이해할 수 없었다. 하나님 나라에 관한 이 간단한 진리를 볼 수 있는 영적 이해력이 없었다.

바울은 그와 같은 영적 무지를 다음과 같이 설명한다. "육에 속한 사람은 하나님의 성령의 일들을 받지 아니하나니 이는 그것들이 그에게는 어리석게 보임이요, 또 그는 그것들을 알 수도 없나니 그러한 일은 영적으로 분별되기 때문이라"(고전 2:14).

여기서 말하는 "육에 속한" 사람들은 자연적인 출생을 거쳐 육신적인 상태에 머물러 있는 자들이다. 그들은 영적인 메시지를 이해하지 못하며 초자연적인 출생에 대한 가르침을 납득하지 못한다. 그들에게는 이 진리가 어리석게 들린다. 그것이 자신의 삶과 어떻게 관련되는지 인식하지 못한다.

니고데모가 바로 그런 사람이었다. 그는 자연인으로서 초자연적인 세계의 진리들을 파악하려고 애썼다. 마치 렘브란트의 아름다운 그림을 감상하려는 시각장애인 같았다. 니고데모는 하나님 나라의 진리를 듣거나 볼 수 있는 영적 역량을 지니고 있지 않았다. 따라서 예수님의 말씀을 듣고 몹시 당황했다.

어떻게 그럴 수 있을까?

니고데모는 구원을 얻기 위해 자신이 노력해야 한다고 믿었다. 하나님 나라에 들어가려면 다른 사람들보다 나아야 한다고 생각했다. 사실상 그는 자신이 다른 사람들보다 낫다고 믿었다. 자신이 거듭나야 한다는 사실을 받아들일 수 없었다. 더욱이 그는 영적 출생이 자신의 능력 밖에 있다는 것을 받아들일 수 없었다. 니고데모는 구원의 문제를 율법 행위에 기반을 두는 율법주의적 성취를 포기할 수 없었다. '은혜의 진리'는 그에게 낯선 외국어였다.

핑계할 수 없다

예수께서 니고데모에게 "너는 이스라엘의 선생으로서 이러한 것들을 알지 못하느냐"(요 3:10)라고 말씀하셨다. 이 수사적인 질문은 이스라엘의 으뜸가는 성경 교사였던 니고데모가 이 진리를 알고 있어야 함을 시사한다. 그의 이해 결핍은 핑계의 여지가 없는 것이었다. 구약성경에 익숙했고 인정받는 교사였던 니고데모는 그 진리를 당연히 알아야 했다. 성경은 거듭남에 관한 진리를 분명하게 가르치고 있으므로, 예수님은 그것을 이해할 책임이 니고데모에게 있음을 지적하셨다.

그렇다면 거듭남의 진리를 제시하는 구약의 성경구절은 무엇일까? 니고데모는 율법서의 어느 구절을 떠올려야 했을까? 선지서의 어느 표현이 그의 관심을 사로잡아야 했을까? 지금부터 그런 구절들을 간략히 살펴볼 것이다.

마음의 할례

거듭남에 대한 구약성경의 첫 언급은 마음의 영적 할례다. 할례는 생후 8일째 되는 남자아이의 포피를 자르는 의식이었다. 그것은 하나님께서 이스라엘을 구원하시기 위해 그들을 세상과 분리하셨음을 상징하는 민족적 의의를 지녔다. 아울러 이 의식에는 개인적인 의의도 담겨 있었다. 그것은 각 사람이 성령의 찌르심을 통해 하나님을 위해, 그리고 하나님에 의해 분리되어야 함을 시사한다. 이 기본적인 진리를 구약성경의 여러 구절에서 가르치고 있다. 따라서 니고데모는 그것을 알고 있어야 했다.

세례 받은 마음은 성령으로 거듭난 마음이므로 하나님을 사랑한다. 모세는 약속의 땅에 들어가기 전에 하나님께로부터 받은 너무나 중요한 진리들을 이스라엘 백성에게 선언했다. 40년의 광야 생활 후에, 이스라엘 백성은 약속의 땅으로 들어갈 채비를 갖추었다. 하나님은 다른 민족들 앞에서 자신을 대변하게 히시려고 그들을 그 땅으로 이끄셨다. 그 백성은 모압 평지에 멈추어서 미래의 고향이 될 땅에 들어갈 준비를 했다.

하지만 그곳으로 들어가기 전에 그들의 마음이 먼저 하나님 앞에서 올바르게 준비되어야 했다. 그 거룩한 임무는 거룩한 마음이 필요한 일이었다.

그래서 모세는 이렇게 선언했다. "네 하나님 여호와께서 네 마음과 네 자손의 마음에 할례를 베푸사 너로 마음을 다하며 뜻을 다하여 네 하나님 여호와를 사랑하게 하사 너로 생명을 얻게 하실 것이며"(신 30:6).

이스라엘을 주변의 이교 민족들로부터 분리시키는 이 영적 할례는 매우 중요했다. 모세는 하나님께서 그의 백성의 마음을 자르셔야 한다고 말했다. 그와 같은 영적 수술의 결과로 그들은 온 마음을 다해 하나님을 사랑하게 된다. 이는 할례를 받지 않은 마음은 하나님을 사랑하지 않는다는 것을 분명하게 나타낸다. 그런 마음은 생명을 알지 못하며, 영적으로 죽은 상태이다.

마음이 찔려야 한다

하나님은 당신과 새 출발을 하시기 위해 마음의 할례를 요구하셨다. 아브라함 언약에서 할례 의식이 마련되었다(창 17:10-14). 그때 하나님은 할례가 아브라함과의 언약을 나타내는 증표가 될 거라고 말씀하셨다.

이 의식은 훗날 모세 언약에서 재확인되었다(레 12:3).

할례는 언약 공동체에 속한다는 것과 유대인의 정체성을 나타내는 징표였다. 생후 8일 된 남자아이들에게 장로들이 이 의식을 행했다. 포피를 자르는 것은 이스라엘 백성이 하나님의 소유로 선택되었음을 상징했다. 하나님께서 그분의 뜻을 이루시기 위해 그의 백성을 구별하셨다.

하지만 할례를 받은 유대인도 하나님에 의한 마음의 할례를 받아야 했다.

육체의 할례는 마음과 영혼에서 일어나야 하는 내적 실재의 외적 표지일 뿐이었다. 하나님의 보이지 않는 손으로 행하시는 이 영적 할례를 받은 자는 고통스런 죄의 자각을 거쳐 하나님께 헌신하게 된다.

영적 수술

하나님의 보이지 않는 손에 의해 사람의 내면에서 영적 수술이 행해져야 한다. 마음이 그에게서 분리되어 하나님께로 가야 한다. 종교적인 할례 의식은 거듭남의 실재를 상징했다. 육체적인 할례는 옛 사람의 죄를 끊어 내는 영적 행위를 나타냈다. 하나님이 행하시는 이 영적 수술은 하나님을 사랑하는 새 마음을 만든다.

하나님은 자기 백성에게 마음의 할례를 약속하셨다. 속사람 안에서 진행되는 이 수술 과정 없이는 그 누구도 하나님 나라에 들어가지 못한다. 하나님께서 마음을 찌르실 때에만 구원이 이루어진다. 영혼은 하나님의 칼로 베어져야 한다. 하나님께서 우리 마음을 절개하여 중생케 하시는 작업을 행하셔야 한다. 그 순간 성령님께서 양날의 예리한 검인 말씀으로 우리 마음을 쪼개신다.

자손 대대로

모세는 약속의 땅에 들어가기 전에 하나님이 이스라엘 백성의 "자손의 마음에" 할례를 베푸실 거라고 말했다(신 30:6). 이것은 하나님께서 장래에도 이 구원사역을 계속하실 거라는 말씀이다.

그들의 후손이 하나님 나라에 들어가기 위해서는 육체의 할례 그 이상이 필요할 것이다. 그들의 후손도 그 당시의 세대처럼 영적 할례가 필요할 것이다. 그들의 후손도 구원의 영역으로 들어가려면 영적 할례를 받아야 한다.

이 내면적인 과정은 하나님이 모든 시대에 걸쳐 사람의 영혼 속에 행하셔야 하는 필수적인 작업이다. 모세 시대에 필수적이었던 이 일이 니고데모 시대에도 이어졌고, 지금 이 시간까지 계속되고 있다. 예수님은 이 은혜의 사역을 거듭남과 결부시키셨다.

모든 세대의 각 사람은 이 영적 수술을 받아야 한다. 우리는 가족의 배경이나 종교적인 유산 덕분에 자동적으로 은혜의 상태로 태어나지 않는다. 이 세상에 태어나는 모든 사람은 영생을 얻기 위해 영적 할례를 받아야 한다.

이 영적 할례는 우리의 마음을 다하며 뜻을 다하여 하나님 여호와를 사랑하게 한다(신 30:6). 하나님의 보이지 않는 손으로 행하시는 이 수술은 죄인의 죽은 마음에 하나님을 향한 새로운 사랑을 심어 준다.

이 사랑은 예전에는 없었던 것이다. 하나님께서 사람의 마음에 할례를 행하실 때마다 그분을 향한 새로운 사랑이 생겨난다.

마음의 할례를 받은 자는 하나님의 말씀에 새롭게 헌신하며 하나님께 새롭게 충성한다. 이 새 마음은 하나님 편에 선다. 하나님이 사랑하시는 것을 사랑하고 그분이 미워하시는 것을 미워한다. 영적 할례는 우리의 내적 존재의 중심에 극적인 변화를 일으킨다.

할례 받은 자와 할례 받지 못한 자

선지자 예레미야도 마음의 영적 할례가 필요하다고 강조했다.

그는 정치적, 영적으로 매우 혼란했던 유다 역사의 힘든 시기의 선지자였다. 그 환난 속에서 예레미야는 민족적인 문제에 대한 영적 해결책을 선포했다. 하나님의 백성이 40년 동안 극악한 우상 숭배에 빠져 있었다(렘 2장). 그들은 예루살렘 밖에서 자신의 자녀를 몰렉 신에게 희생제물로 바쳤다. "하늘의 여왕"을 숭배하기도 했다(7:18, 44:19). 우상 숭배와 위선은 간음과 약자들에 대한 억압으로 이어졌다.

그러한 잘못을 바로잡기 위해 선지자는 이렇게 단언한다. "여호와의 말씀이니라 보라 날이 이르면 할례 받은 자와 할례 받지 못한 자를 내가 다 벌하리니"(9:25). 얼핏 보면 이 말씀은 모순된 것 같다. 할례 받았지만 할례 받지 못했다고 표현되었기 때문이다.**

여기서 언급하는 것은 두 가지 다른 종류의 할례다. 즉 하나는 육체적인 할례이고 다른 하나는 영적인 할례다. 육체의 할례는 몸에 행하는 것인 반면에, 영적인 할례는 영혼에 행하는 것이다.

외면적인 할례는 하나의 상징적 의식이다. 반면에 내면적인 할례는 표지로 상징된 실재다. 이스라엘 백성 중에는 육체적 할례는 받았지만 영적으로는 할례를 받지 못한 이들이 많았다. 수많은 사람이 육체적인

** 저자가 인용한 NASB에는 "all who are circumcised and yet uncircumcised"(할례 받았지만 할례 받지 못한 자들)이라고 번역되어 있다(역자 주).

표지를 받았지만 영적 실재가 결여되어 있다. 참된 할례는 하나님 나라에 들어가는 데 필수적인 영적 할례다.

선지자는 "무릇 모든 민족은 할례를 받지 못하였고 이스라엘은 마음에 할례를 받지 못하였느니라"(렘 9:26)고 말한다. 즉 믿지 않는 이방 민족들이 "할례를 받지 못하였다"고 말한다. 그리고 "이스라엘은 마음에 할례를 받지 못하였음"을 밝힌다. 이것은 많은 이스라엘 사람들이 육신의 할례를 받았지만 마음의 할례는 받지 못한 상태였음을 지적한 것이다. 하나님께서 말씀으로 그들의 굳은 마음을 찌르지 않으셨고 그들에게 영적 생명을 주지 않으셨다. 그들은 이스라엘 백성이었지만 하나님 나라 바깥에 머물고 있었다. 이 구분이 강조되어야 한다.

하나님께서 하실 일

예레미야서에는 중생의 진리가 더욱 명료하게 제시된다.

여호와의 말씀이니라 보라 날이 이르리니 내가 이스라엘 집과 유다 집에 새 언약을 맺으리라 이 언약은 내가 그들의 조상들의 손을 잡고 애굽 땅에서 인도하여 내던 날에 맺은 것과 같지 아니할 것은 내가 그들의 남편이 되었어도 그들이 내 언약을 깨뜨렸음이라 여호와의 말씀이니라 그러나 그 날 후에 내가 이스라엘 집과 맺을 언약은 이러하니 곧 내가 나의 법을 그들의 속에 두며 그들의 마음에 기록하여 나는 그들의 하나님이 되고 그들은 내 백성이 될 것이라 여호와의 말씀이니라 그들이 다시는 각기 이웃과 형제를 가르쳐 이르기를 너는 여호와를 알라 하지 아니하리니 이는 작은 자로부터 큰 자까지 다 나를 알기 때문이라 내가 그들의 악행을 사하고 다시는 그 죄를 기억하지 아니하리라 여호와의 말씀이니라(렘 31:31-34).

"내가… 하리라."라는 이 선언에서 하나님은 인간의 마음속에 행하실 일을 여섯 차례 단언하신다. 이 하나님의 사역은 인간의 노력과 무관하다. 하나님은 "너희가… 할 것이다."라고 말씀하시지 않는다. 우리는 자신의 영혼을 치유하는 의사가 아니다. "우리가… 할 것이다."라고도 말씀하시지 않는다. 우리의 마음을 수술하는 일은 하나님과 우리의 공동 노력이 아니다. 하나님은 "내가… 하리라."라고 선언하신다. 이는 거듭남에 대한 하나님의 단독 사역을 강조한다. **오직 하나님만이** 우리 속에 그분의 율법을 두실 수 있고 그것을 우리의 심비에 새기실 수 있다. 그분만이 우리 죄를 용서하실 수 있다. 그분만이 마음으로부터 순종하게 하신다. 만일 우리 구원의 99퍼센트가 하나님께 의존되어 있고 1퍼센트는 우리에게 달려 있다면, 우리는 언제나 실패하고 말 것이다. 거듭나는 것은 우리의 통제 밖에 있으며 전적으로 하나님의 손에 달려 있다.

이 진리는 모든 그리스도인의 마음에 적용된다. 거듭남이 전적으로 하나님의 사역이라는 사실은 구원의 확신을 강화시킨다. 우리가 하나님 말씀에 순종하고 싶은 새로운 욕구를 경험할 때, 우리는 그것이 우리 마음에 하나님이 역사하신 증거임을 알 수 있다. 그런 욕구는 우리의 새 마음에 하나님만이 일으키실 수 있다. 이 사실을 뒷받침하는 다른 성경구절도 많다. 요한일서 2장 3절도 그중 하나다. "우리가 그의 계명을 지키면 이로써 우리가 그를 아는 줄로 알 것이요." 순종은 하나님께서 거듭남을 통해 새 마음을 심으셨음을 나타내는 확실한 증거다.

마음에 심어진 말씀

이와 같은 내면적 사역에 대해 하나님은 "내가 나의 법을 그들의 속에 두며"(렘 31:33)라고 말씀하셨다. 하나님의 말씀은 더 이상 이스라엘 백성의 삶의 외면적인 부분이 아니다. 성경의 진리가 더 이상 겉으로만 제시되지 않는다. 이제는 말씀이 그들의 마음 깊은 곳에, 존재의 중심에 심길 것이다. 야고보는 "너희 영혼을 능히 구원할 바 마음에 심어진 말씀을 온유함으로 받으라"(약 1:21)고 했다. 이제 우리는 우리 영혼을 구원할 말씀을 받아들일 수 있다. 토양에 심긴 씨앗처럼 하나님의 말씀이 우리 마음속에 심겨야 한다(벧전 1:23). 그런 다음 하나님께서 그 말씀의 싹을 틔우셔야 한다.

또한 예레미야서에서 하나님은 "그들의 마음에 기록하여"(렘 31:33)라고 말씀하신다. 하나님의 이 약속은 앞에 언급된 것보다 훨씬 더 깊은 내적 작용을 보증한다. 하나님께서 그분의 말씀을 그들의 마음에 기록하실 것이다. 시내산에서 십계명을 주실 때처럼 하나님의 말씀을 돌에 기록하시지 않을 것이다. 하나님의 말씀을 사람의 심비에 새겨서 그 말씀을 통해 하나님을 개인적으로 알게 하실 것이다. 진리가 그들의 머릿속에 간직될 뿐만 아니라 마음에도 새겨질 것이다. 이 은혜의 사역을 통해 하나님의 말씀이 그들의 마음속에 뿌리를 내리고 자라서 많은 열매를 맺을 것이다.

하나님의 말씀이 우리 마음에 기록될 때에는 거듭난 사람들 속에 지워지지 않게 새겨진다. 하나님의 손으로 기록된 그 말씀은 그들 안에 영원히 남아 있을 것이다. 하나님께서 기록하신 것은 그 누구도 지우지 못한다.

친밀한 관계

이 약속에서 하나님은 "나는 그들의 하나님이 되고 그들은 내 백성이 될 것이라"(33절)고 선언하셨다. 하나님은 그분의 개입으로 마음이 열린 사람들과 개인적인 관계를 맺으시고 그들을 하나님 나라로 이끄실 것이다. 그들을 개인적으로 돌보실 것이다. 그들에게 필요한 것을 제공하시며 그들을 지키실 것이다. 그들을 인도하실 것이다. 사실상 하나님은 그들에게 필요한 모든 것을 채워 주실 것이다. 그와 같이 직접 개입하심으로써 하나님은 그들과 친밀한 관계를 맺을 것을 약속하신다.

이와 같이 친밀한 관계는 모든 세대의 모든 신자를 위한 것이다. 만일 당신이 예수 그리스도를 믿는다면, 당신의 삶에도 이러한 사실이 적용된다. 하나님께서 당신의 삶의 모든 단계에 함께하실 것이다. 하나님께서 친히 약속하신다. "내가 세상 끝날까지 너희와 항상 함께 있으리라"(마 28:20).

또한 하나님은 당신에게 필요한 것을 공급한다고 약속하신다. "나의 하나님이 그리스도 예수 안에서 영광 가운데 그 풍성한 대로 너희 모든 쓸 것을 채우시리라"(빌 4:19). 아울러 당신이 어떤 시련에 직면해도 하나님께서 친히 자상하게 보살펴 주신다고 약속하신다. "모든 은혜의 하나님 곧 그리스도 안에서 너희를 부르사 자기의 영원한 영광에 들어가게 하신 이가 잠깐 고난을 당한 너희를 친히 온전하게 하시며 굳건하게 하시며 강하게 하시며 터를 견고하게 하시리라"(벧전 5:10).

예레미야서가 전개되면서 하나님은 이러한 거듭남의 진리를 더 발전시키신다. "그들이 다시는 각기 이웃과 형제를 가르쳐 이르기를 너는 여호와를 알라 하지 아니하리니 이는 작은 자로부터 큰 자까지 다 나를 알기 때문이라"(렘 31:34). 하나님이 어떤 사람 안에서 중생의 이적을 행하시면, 그 사람은 자연히 하나님께 나아가며 그분과 친밀해질 것이다. 자신의 배경이나 사회적 위치와 무관하게 모든 신자는 동일하게 하나님과 친숙해진다. 하나님 나라에는 계급 구조가 없을 것이다. 거듭난 모든 영혼이 동일하게 하나님을 알게 될 것이다. 각자가 하나님을 친밀하게, 그리고 개인적으로 알기 때문에 그 누구도 하나님에 대해 가르칠 필요가 없을 것이다.

하나님께서 용서하신다

끝으로 하나님은 "내가 그들의 악행을 사하고 다시는 그 죄를 기억하지 아니하리라"(34절)라고 결론지으신다. 하나님의 은혜로 그분의 나라에 새로 태어난 자들은 그들의 악행을 사함받을 것이다. 사실상 각 사람은 개인적인 죄로 하나님께 무한한 빚을 진 상태다. 여러 해에 걸친 불순종과 반역으로 인해 그 빚은 갚을 수 없을 정도로 커졌다. 예수께서 죽으셨을 때 하나님은 "우리를 거스르고 불리하게 하는 법조문으로 쓴 증서를 지우시고 제하여 버리사 십자가에" 못 박으셨다(골 2:14). 즉 하나님께 진 이스라엘의 빚이 탕감되었다. 그들의 범죄가 용서되었다.

거듭남을 통해 하나님은 죄 없는 대속물이신 예수 그리스도의 희생에 근거하여 그들의 죄악을 상쇄하신다. 하나님께서 그들의 불법을 사하시는 것은 그리스도의 대속하시는 죽음에 근거한 것이다. 하나님은 "다시는 그 죄를 기억하지 아니하리라"(렘 31:34)고 말씀하신다. 그들은 마치 하나님께 전혀 범죄한 사실이 없는 것처럼 완전히 사함을 받는다. 따라서 그들은 모든 정죄로부터 영원히 벗어났다(롬 8:1).

니고데모에게 필요한 것

구약성경 구절들에 근거하여, 니고데모는 자신에게 할례 받은 새 마음이 필요하다는 것을 알아야 했다. 또한 그는 하나님께서 그분의 말씀을 그의 마음에 기록하며 그 안에 은혜의 내적 사역을 행하셔야 한다는 내용을 읽어야 했다. 하지만 안타깝게도 그는 이 사실과 관련하여 어둠에 머물렀다.

아울러 니고데모는 선지자 에스겔의 기록을 알고 있어야 했다. 앞에서 보았듯이 하나님은 니고데모 안에 새 마음을 이식하셔야 한다(겔 11:19, 36:25-27). 하나님께서 그의 돌 같은 마음을 끄집어내고 살처럼 부드러운 마음을 심으셔야 한다. 니고데모에게 필요한 것이 바로 이 마음 이식이다.

명심해야 할 것

니고데모는 성경에 대해 많이 알지만 결코 그 진리를 자신의 마음속에 받아들이지 않는 사람의 대표적인 사례다. 그는 머리로는 성경을 많이 알았지만 마음으로는 하나님을 알지 못했다. 하나님의 말씀을 통해 수많은 사실을 알고 있었지만 그 말씀의 저자이신 하나님을 개인적으로는 알지 못했다.

당신은 그런 상태에 머물지 말라. 가족의 신앙 유산을 신뢰하지 말라. 교회에 출석하면 하나님의 나라를 보장받는다고 생각하지 말라. 자신의 종교 활동으로 새 마음을 얻을 수 있다고 자신했던 니고데모처럼 되지 말라.

성경에 **대해** 아무리 많이 알아도, 당신은 **하나님을 알아야** 한다. 하나님을 아는 길은 단 하나, 거듭나는 것이다.

13.
성경에 능통한 불신자

> 진실로 진실로 네게 이르노니 우리는 아는 것을 말하고 본 것을 증언하노라
> 그러나 너희가 우리의 증언을 받지 아니하는도다
> 내가 땅의 일을 말하여도 너희가 믿지 아니하거든
> 하물며 하늘의 일을 말하면 어떻게 믿겠느냐
> 하늘에서 내려온 자 곧 인자 외에는 하늘에 올라간 자가 없느니라
>
> 요한복음 3장 11-13절

성경을 가장 많이 읽는 사람들이 성경을 가장 모르는 경우가 종종 있다. 아이러니하게도 성경에 기록된 내용을 많이 알수록 그 속에 담긴 메시지를 더 모른다. 그들은 성경에 대한 정보를 많이 쌓았지만 그것이 자신의 삶에 무슨 의미가 있는지 이해하지 못한다. 하나님 말씀에 대해서는 많이 알지만 그것을 자신에게 적용하는 법을 모른다. 축적한 성경 지식을 자신의 삶과 융화시키는 믿음이 없다. 많이 배울수록 실

천은 더 적다.

당신도 한때 그랬을 수 있다. 당신은 기독교 가정에서 자라고 교회 생활을 하며 성장했을 수 있다. 만일 그렇다면 당신은 성경의 진리에 노출되는 귀한 특권을 지녔다. 하지만 성경에 대해 많이 배웠다 해도 거듭나기 전까지는 하나님 나라 바깥에 있다.

니고데모의 경우가 그러했다. 그는 성경에 대해 많이 알았다. 사실상 그는 이스라엘의 그 누구보다 더 성경 지식이 많았다. 성경의 특정 부분들을 인용하고 랍비적인 해석을 할 수 있었다. 하지만 그는 율법의 문자를 알았을 뿐 그 정신을 알지 못했다. 다른 사람들을 가르치면서 정작 자신은 하나님의 가르침을 받지 않았다. 방대한 성경 지식에도 불구하고 그는 하나님 나라에 들어가는 데 필요한 것에 대해 무지했다. 분명 그는 하나님에 **대해** 알았다. 그러나 니고데모에게 하나님은 멀리 계신 낯선 분이셨다.

그리스도께서 니고데모가 하나님 나라의 바깥에 머물고 있다는 것을 지적하셨을 때 그는 얼떨떨했다. 예수님이 거듭남의 특성을 설명하셨을 때 그는 이미 그것을 알고 있어야 했다. 마음속 중생에 대한 진리는 구약성경의 기본적인 가르침이다. 예수님은 니고데모가 성경을 더 주의 깊게 읽어야 했음을 지적하셨다. 그 바리새인은 성경 전체에서 가장 본질적인 진리 중 하나를 완전히 놓치고 있었다. 그래서 그에게는 거듭남의 필요성이 여전히 미스터리로 남아 있었다.

그릇된 기초

니고데모는 자신의 권위 있는 명성과 풍부한 지식과 종교적인 유산이 하나님의 인정을 받게 해 줄 거라고 확신했다. 하지만 그는 그 누구보다 더 그릇되었다. 당신도 그런 적이 있는가? 하나님과 당신의 영적인 관계가 올바르다고 생각했지만 실제로는 그렇지 않았던 적이 있는가? 다른 것이 잘못되는 위험은 무릅쓸 수 있지만, 하나님에 대한 우리 영혼의 상태가 잘못되는 위험을 무릅쓸 수는 없다.

우리는 하나님에 대한 진리를 알 수 있고, 성경구절들을 인용할 수 있다. 조직신학의 세부 내용도 안다. 그러나 만일 거듭나지 않았다면, 믿음으로 그리스도를 영접하지 않았다면, 우리는 가장 완고한 무신론자만큼이나 잃어버려진 상태다. 만일 우리가 하나님을 진정으로 알며 그분을 생명의 주인으로 섬기기 원한다면, 그분께 새 마음을 받아야 한다. 하나님 앞에 자신을 낮추고 그분의 은혜에 온전히 의존되는 존재임을 고백하고 회개하며 그분을 믿을 때에만 비로소 우리는 그분을 진정으로 알 수 있다.

불신의 문제

니고데모와의 대화에서 예수님은 그의 영혼 속에 자리 잡은 진짜 문제점을 명확하게 지적하셨다. "진실로 진실로 네게 이르노니 우리는 아는 것을 말하고 본 것을 증언하노라 그러나 너희가 우리의 증언을 받지 아니하는도다"(요 3:11). 니고데모의 문제는 성경 지식의 결핍이 아니라 성경에 기록된 내용을 **믿지 못하는 것**이었다.

예수님의 이 직접적인 지적은 "진실로 진실로 네게 이르노니"라는 친숙한 문구로 시작된다. 이 문구는 이어지는 말씀이 지극히 중요함을 나타낸다. 그가 하시려는 말씀은 너무도 중요한 내용이다. 예수님은 니고데모의 관심을 집중시켜서 이어지는 말씀을 하나도 놓치지 않게 하려고 하셨다. 예수께서 그분의 말씀을 듣는 무리들을 가리켜 종종 사용하셨던 표현이 니고데모에게도 해당되었다. 즉 그는 "들을 귀를 지녔으나 듣지 않았다." 이 표현은 영적으로 완고하여 예수께서 말씀하시는 진리를 받아들이지 않는 사람들을 가리키는 것이다.

성경에 대한 그런 불신이 오랫동안 이스라엘의 고질병이 되어 있었다. 오늘날 과도하게 종교적인 사람들처럼, 유대인들은 성경의 세부 내용만 알 뿐 그 본질적인 메시지는 알지 못했다. 그들은 구원의 길을 전혀 보지 못했다. 예수님은 바리새인들을 가리켜, "하루살이는 걸러내고 낙타는 삼키는도다"(마 23:24)라고 지적하셨다. 매우 종교적인 그 사람들은 세부 사항에 초점을 맞추면서 그 속에 담긴 의미를 간과했다. 사소한 것들을 중시하고 중요한 것들은 사소하게 여겼다. 그 결과 그들은 성경의 가장 중요한 부분을 불신했다. 예수님은 "너희가 성경에서 영생을 얻는 줄 생각하고 성경을 연구하거니와 이 성경이 곧 내게 대하여 증언하는 것이니라"(요 5:39)고도 말씀하셨다. 그들은 하나님 나라에 들어가는 길을 몰랐다. 또한 예수님은 바리새인들이 "천국 문을 사람들 앞에서" 닫는다고(마 23:13) 지적하셨다. 그들 자신이 천국에 들어가지 못하는 것은 당연했다. 성경을 지녔음에도 불구하고 그들은 불신 상태로 남아 있었다. 천국에 아직 들어가지 못했던 니고데모도 마찬가지였다.

한 음성, 한 메시지, 한 길

예수님은 니고데모에게 "우리는 아는 것을 말하고 본 것을 증언하노라"(요 3:11)고 하셨다. 이 말씀을 이해하려면 "우리"가 누구를 가리키는지 알아야 한다. 이 표현을 통해 예수님은 니고데모에게 진리를 말하는 다른 사람들과 자신을 동일시하셨다. 이 증인들은 구약의 선지자들이 선포하고 기록했던 증언 전체를 포함한다. 그와 같은 하나님의 대변자들은 다음과 같은 사람들이다. 광야에서 하나님의 백성을 인도한 모세, 예루살렘의 멸망을 예언했던 이사야, 하나님의 백성에게 임할 심판과 회복을 예언했던 미가, 또한 세례 요한의 설교와 예수님의 가르침도 포함된다. 하나님이 보내신 이 모든 메신저들은 한 목소리로 구원의 길을 알려 주었다. 그들의 증언에는 서로 모순되거나 충돌하는 것이 없었다. 그들 모두가 천국에 들어가는 길에 대해 동일한 메시지를 증언했다.

예수께서 니고데모에게 하신 말씀도 그분 이전에 왔던 모든 선지자들의 메시지와 완벽하게 일치했다. 거듭남의 필요성에 대한 그 진리는 하나님 나라에 들어가기 위한 새로운 요구사항이 아니었고, 새롭게 고안된 구원의 경로를 계시한 것도 아니었다.

구원에 대한 모든 중요한 진리 중에서도 이것은 예수께서 강조하신 가장 중요한 것이다. 예수님은 구약성경에서 가르치는 하나님 나라에 들어가는 방법과 전혀 다른 방법을 제시하신 것이 아니다. 유대인이 구원받는 방법과 이방인이 하나님과 화목하게 되는 방법이 다르지 않다. 어떤 사람이든, 즉 이스라엘의 지도적인 교사든 할례 받지 않은 이방인이든, 천국에 들어갈 수 있는 길은 단 하나다. 구원의 메시지에서도 구약의 선지자들과 세례 요한과 예수 그리스도 사이에 일관된 연속성이 있다. 사도들도 신약성경 전반에 걸쳐 이 일관성을 유지한다. 하나님께로 가는 유일한 길은 거듭나는 것이다.

어느 때든, 어디서든, 누구든, 하나님과 올바른 관계에 서는 것은 예수 그리스도를 믿게 하시는 성령의 내적 사역을 통해서이다. 구약 시대에 이 메시지를 믿었던 자들은 장차 오실 예수님과 그의 속죄 사역을 내다봄으로써 구원을 받았다. 예수님 당시의 사람들도 그를 바라봄으로써 구원을 받았다.

마찬가지로 예수님께서 승천하신 후에 믿었던 사람들은 그분의 초림과 십자가상에서 하신 일을 돌아봄으로써 구원을 받았다. 성경의 첫 번째 책인 창세기부터 마지막 책인 계시록까지, 이것이 유일한 복음의 메시지다. 이 핵심 진리가 아직 니고데모를 변화시키지 않았다.

문제의 핵심

이제 예수님은 니고데모가 지닌 문제의 핵심을 지적하신다. "그러나 너희가 우리의 증언을 받지 아니하는도다"(요 3:11). 이 구절에서 "너희"는 복수형이며 행위로 의를 이루려는, 종교로 눈이 먼 이스라엘 민족을 나타낸다. 예수님은 니고데모와 이스라엘 전체가 구약성경의 분명한 증언을 받아들이지 않는 편을 택했다고 말씀하셨다. 그들은 세례 요한의 메시지를 받아들이려 하지 않았으며, 예수님의 말씀도 믿으려고 하지 않았다. 니고데모가 지닌 문제의 핵심도 동일했다. 그는 거듭남에 대한 메시지를 포함하여 하나님으로부터 보내심을 받은 메신저들의 증언을 믿지 못했다.

"너희가 우리의 증언을 받지 아니하는도다"에서 "받지"(헬라어로 람바노)는 '손으로 잡다, 붙들다'라는 뜻이다. 니고데모는 구약성경 전반에 제시된 복음의 증언을 붙들지 못했다. 문제의 핵심은 마음이었다. 그는 그에게 알려진 성경의 증언을 붙들지 못했다. 대부분의 이스라엘 백성들처럼 그 또한 자기 의로 눈이 멀었고, 그 결과 믿음으로 얻는 구원에 대한 메시지를 거부했다. 간단히 말해서 그는 구약성경의 여러 기자들을 통해 전해진 좋은 소식을 거부했다.

또한 대화 중에 예수님은 니고데모에게 "믿지 아니하는 자는 하나님의 독생자의 이름을 믿지 아니하므로 벌써 심판을 받은 것이니라"(요 3:18)고 말씀하셨다. 믿지 않는 자는 이미 하나님의 심판 아래에 있다. 세례 요한은 구원 얻는 믿음으로 복음에 순종하지 않는 자들에게는 "하나님의 진노가 그 위에 머물러" 있다고(36절) 말했다. 예수님의 엄숙한 말씀은 불신이 하나님의 심판을 초래함을 강조한다.

불신의 죄

니고데모와 예수님의 대화로 시작된 것이 이제 예수님의 일방적인 말씀으로 전환되었다. 여기서부터는 예수님이 단독 화자이시다. 그는 "내가 땅의 일을 말하여도 너희가 믿지 아니하거든 하물며 하늘의 일을 말하면 어떻게 믿겠느냐"(12절)라고 말씀하셨다. "너희가 믿지 아니하거든"은 니고데모를 불신자로 판단하신 말씀이다. 니고데모는 복음의 진리를 받아들이지 않았다. 겸손히 회개해야 할 필요성을 인정하지 않고 죄를 자백하지도 않았다. 그는 선지자들의 메시지를 믿지 않았다. 그리스도의 증언도 받아들이지 않았다. 그는 자기 자신을 믿었다.

뿐만 아니라 니고데모는 구원에 관한 율법적 접근법 안에 갇혀 있었다. 하나님 앞에서 인정받기 위해 줄곧 자신의 공적에 의존하려 했다.

그는 불신의 죄를 택했고, 그 결과 영적으로 잃어버린 자가 되었다. 이것이 바로 불신의 결과다. 불신은 복음의 거저 주는 선물을 완악하게 거부한다. 불신은 진정으로 필요한 것에 대한 그리스도의 가르침을 거부한다. 그리스도를 삶의 중심에 두기를 거부한다.

자신의 정체성을 재정적인 번영이나 안전한 인간관계나 선행과 같은 상대적으로 덜 중요한 것에서 찾으려 하지 말고, 우리는 믿음으로 그리스도께 돌이켜야 한다. 우리의 삶을 그리스도께 복종시키라는 그분의 부르심에 저항하지 말고, 그분께 복종하며 그분을 따라가야 한다. 허망한 추구와 헛된 기쁨과 죄악으로 가득한 생활 양식을 회개하고, 삼위일체 하나님을 기뻐해야 한다.

만일 율법주의나 느슨한 생활을 지속한다면, 우리는 분명 죄 가운데서 멸망할 것이다.

형제들아 너희는 삼가 혹 너희 중에 누가 믿지 아니하는 악한 마음을 품고 살아 계신 하나님에게서 떨어질까 조심할 것이요 오직 오늘이라 일컫는 동안에 매일 피차 권면하여 너희 중에 누구든지 죄의 유혹으로 완고하게 되지 않도록 하라 우리가 시작할 때에 확신한 것을 끝까지 견고히 잡고 있으면 그리스도와 함께 참여한 자가 되리라 성경에 일렀으되 오늘 너희가 그의 음성을 듣거든 격노하시게 하던 것 같이 너희 마음을 완고하게 하지 말라 하였으니 (히 3:12-15).

더 간단한 진리

예수님은 "내가 땅의 일을 말하여도 너희가 믿지 아니하거든 하물며 하늘의 일을 말하면 어떻게 믿겠느냐"(요 3:12)라는 말씀으로 두 가지 차원의 진리를 분명하게 구분하신다. "땅의 일"은 거듭남에 관하여 "땅의" 비유로 말씀하신 기본적인 진리이고, "하늘의 일"은 하나님이 거하시는 하늘의 더 심오한 진리들을 뜻한다. 즉 후자는 성부와 성자의 관계(요 1:1, 18), 그리고 성부와 성자와 성령의 관계를(1:32-33, 3:8) 포함한다. 성부와 성자와 성령은 영원토록 서로 완벽하고 친밀하게 교류하신다. 이 삼위일체의 진리는 숭고하고 복잡하며 신비롭다. 또한 "하늘의 일"은 주권적인 선택(1:13)이나 효과적인 부르심(6:44) 같은 하나님의 영원하신 계획에 대한 것들도 포함한다. 이 진리들은 하나님의 은혜를 통해 그분께로 인도되어 구원에 이를 자들을 택하시는 그분의 주권적인 권한을 알려 준다.

만일 니고데모가 거듭남에 대한 더 간단한 진리를 이해하지 못한다면 어떻게 더 심오한 진리를 이해할 수 있겠느냐는 것이 예수님의 논지였다. 즉 니고데모는 더 복잡한 가르침을 파악하기 전에 먼저 기본적인 구원의 교리들을 이해해야 했다. 더 간단한 이 진리는 거듭남에 대한 가르침과 중생의 필요성에 관한 것이다. 니고데모는 자신이 천국에 들어가기 전까지 다른 사람에게 그 길을 가르칠 수 없다. 자신이 하나님의 가르침을 받기 전까지는 다른 사람을 가르칠 수 없다. 자신이 갖지 않은 것을 다른 사람에게 나눠 줄 수 없다. 자신이 가 보지 않은 곳으로 다른 사람을 데려갈 수 없다.

위로부터의 진리

구원 얻는 믿음에 대한 이 원칙을 설명하면서 예수님은 "하늘에서 내려온 자 곧 인자 외에는 하늘에 올라간 자가 없느니라"(요 3:13)고 덧붙이셨다. 이는 하나님에 대해 배우기 위해 하늘로 올라간 다음에 자신이 배운 것을 전하러 땅으로 돌아온 사람이 아무도 없다는 말씀이다. 그러나 하늘로부터 이 땅에 내려와서 우리에게 하나님에 대해 알려 줄 수 있는 한 분이 계시다. 니고데모에게 말씀하고 있는 바로 그분이다. 인자이신 예수 그리스도시다. 만일 니고데모가 천국에 가는 길을 알고자 한다면, 그에게 알려 주시기 위해 하늘로부터 내려오신 예수님께 귀 기울여야 한다.

예수님은 진실로 아버지를 아시는 분이다. "아버지 외에는 아들을 아는 자가 없고 아들과 또 아들의 소원대로 계시를 받는 자 외에는 아버지를 아는 자가 없느니라"(마 11:27)고 말씀하셨다. 예수님은 사람들에게 하나님을 계시하기 위해 하늘로부터 오셨다. 성육신을 통해 하나님의 아들이(요 3:16, 18) 사람의 아들이 되어(14절) 이 세상에 오셔서 사람들에게 아버지를 설명하셨다(1:18). 보이지 않는 하나님을 예수 그리스도를 통해 계시하신다는 분명한 사실 때문에 "나를 본 자는 아버지를 보았거늘"(14:9)이라고 말씀하셨다. 니고데모는 예수님의 말씀을 천국에 들어가는 법을 알려 주기 위해 하늘로부터 땅으로 내려오신 분의 말씀으로 받아들여야 했다. 만일 니고데모가 거듭남에 대한 "땅의 일"조차 받아들이지 않는다면 더 심오한 "하늘의 일"은 결코 받아들일 수 없을 것이다.

갈림길에서

니고데모는 인생의 갈림길에 선 자신을 발견했다. 그 순간보다 더 분명하게 그에게 진리가 제시된 적이 없었다. 예수님과의 그 만남보다 더 공공연하게 구원의 길을 배웠던 적이 없었다. 그는 지금까지 그가 씨름해 왔던 깊은 질문에 직면했다. 니고데모는 이제 결단해야 했다. 거듭남에 대한 예수님의 말씀을 믿을 것인가?

바로 그 순간 예수님께서 니고데모를 재촉하셨다. 니고데모는 그 가르침에 어떤 반응을 보일지 결정해야 했다. 자기 의를 계속 고집할 것인가, 거듭나게 해 달라고 하나님께 겸손히 간구할 것인가? 신성한 진리는 단지 알기 위한 것이 아니다. 그것은 실행되어야 한다. 진리는 항상 반응을 요구한다. 과연 니고데모는 예수께서 말씀하신 진리를 믿을 것인가? 아니면 계속 불신 가운데 머물 것인가?

어느 길로 갈 것인가?

이 책을 읽고 있는 독자들 중 다수가 동일한 인생의 갈림길에 서 있다. 당신 앞에 두 길이 있다. 하나는 자기 의의 길이며, 영원한 파멸로 이끈다. 다른 하나는 거듭남이며, 영원한 생명으로 이끈다. 당신은 어느 길로 나아갈 것인지 결정해야 한다. 진리가 당신에게 분명하게 제시되었다. 당신은 거듭남의 필요성에 대한 이 신성한 증언을 받아들여야 한다. 불신 가운데서 죽는 자는 중보자와 구주 없이 마지막 심판에 처할 것이다. 이 진리는 구약의 선지자들에 의해 주어진 증언과 완벽하게 일치한다. 성경 전체가 한목소리로 명쾌하게 말하고 있다. 그것은 당신이 거듭나서 예수 그리스도를 믿어야 한다는 선언이다.

만일 당신이 예수 그리스도를 믿지 않는다면, 오래전에 니고데모에게 하신 그분의 말씀이 당신의 삶을 그분께 맡기라고 당신을 재촉하고 있다. 회개는 자신에 대한 모든 신뢰를 포기하고 자신을 하나님께 맡기는 것이다. 그것은 당신의 생명과 영원한 운명을 예수 그리스도께 맡기기 위해 자신의 노력을 포기하는 것이다. 육체의 생명을 위해 음식을 먹고 물을 마시듯이, 구원 얻는 믿음은 그리스도를 참생명의 주님과 구주로 받아들이는 것이다.

지체하지 말고 지금 행동하라. 이것은 당신이 내려야 할 가장 중요한 결단이다.

14.
구원 얻는 믿음

모세가 광야에서 뱀을 든 것 같이 인자도 들려야 하리니
이는 그를 믿는 자마다 영생을 얻게 하려 하심이니라

요한복음 3장 14-15절

지금까지 존재했던 가장 위대한 복음 전도자는 예수 그리스도시다. 그는 복음을 증언하여 영혼을 구원한 가장 탁월한 전도자셨다. 죄악의 넓은 바다에서 죽어 가는 사람들을 낚는 가장 유능한 어부셨다. 이미 희어져 추수를 기다리는 들판의 가장 위대한 추수꾼이셨다. 더 많은 사람들에게 설교한 사람은 많다. 더 많은 사람이 천국으로 옮겨지는 것을 본 사람도 많다. 하지만 그리스도보다 더 효과적으로, 더 정확

하게 복음을 선포했던 사람은 없다.

진리를 제시할 때마다 그리스도는 그분을 믿으라고 강력히 촉구하셨다. 니고데모와의 대화에서도 마찬가지였다. 예수님은 거듭남에 관한 대화를 최종 결론으로 몰고 가셨다. 니고데모는 자신에게 말씀하시는 그분을 믿어야 했다.

긴급하게 필요한 일

그 밤중의 만남에서 예수님은 인자인 그분을 믿는 것이 니고데모에게 긴박하게 필요한 일임을 강조하셨다. 니모데모가 예수님께 거듭남에 대한 진리를 듣는 것만으로는 충분하지 않았다. 니고데모는 자신의 생명을 예수께 의탁해야 했다. 하나님의 주권적인 사역은 니고데모의 마음이 거듭나게 하는 것이었다. 하지만 예수님을 믿는 것은 니고데모의 책임이었다. 여기서 주님은 이 존경받는 인물이 천국에 들어가려면 그의 삶에 어떤 일이 일어나야 하는지를 알려 주셨다.

예수님은 니고데모에게 그분을 믿고 자신의 삶을 그분께 복종시키는 결정적인 걸음을 내딛으라고 재촉하셨다. 니고데모는 그를 구원하실 수 있는 유일한 분의 강한 팔에 자신의 영혼을 맡겨야 했다. 그러기 위해 예수께서 자신과 같은 단순한 교사보다 훨씬 더 위대하신 분임을 깨달아야 했다. 그는 예수님이 죄 가운데서 멸망하는 사람들을 구하기 위해 오신 분임을 알아야 했다. 이미 늦은 시간이었다. 니고데모의 반응이 긴박하게 요구되었다.

광야의 뱀

예수님은 니고데모에게 믿음을 당부하시면서 구약성경에서 인상적인 한 가지 예를 제시하셨다. 분명 니고데모가 친숙했을 내용이었다. 즉 예수님은 "모세가 광야에서 뱀을 든 것 같이 인자도 들려야 하리니 이는 그를 믿는 자마다 영생을 얻게 하려 하심이니라"(요 3:14-15)고 말씀하셨다. 예수님은 이스라엘의 광야 시절의 이 극적인 장면을 사용하여 니고데모에게 복음의 메시지를 강력히 심어 주려고 하셨다. 이것은 민수기에 기록된 사건이다.

백성이 하나님과 모세를 향하여 원망하되 어찌하여 우리를 애굽에서 인도해 내어 이 광야에서 죽게 하는가 이 곳에는 먹을 것도 없고 물도 없도다 우리 마음이 이 하찮은 음식을 싫어하노라 하매 여호와께서 불뱀들을 백성 중에 보내어 백성을 물게 하시므로 이스라엘 백성 중에 죽은 자가 많은지라 백성이 모세에게 이르러 말하되 우리가 여호와와 당신을 향하여 원망함으로 범죄하였사오니 여호와께 기도하여 이 뱀들을 우리에게서 떠나게 하소서 모세가 백성을 위하여 기도하매 여호와께서 모세에게 이르시되 불뱀을 만들어 장대 위에 매달아라 물린 자마다 그것을 보면 살리라 모세가 놋뱀을 만들어 장대 위에 다니 뱀에게 물린 자가 놋뱀을 쳐다본즉 모두 살더라(민 21:5-9).

불신의 결과

이 흥미로운 장면에서 이스라엘은 약속의 땅으로 나아가는 오랜 광야 여정 중이었다. 불과 몇 주 내지 몇 달이면 끝나는 여정이 무려 40년이나 걸렸다. 그렇게 된 원인은 이스라엘 백성의 뻔뻔한 불신이었다. 하나님의 거듭된 구원을 경험했음에도 불구하고, 그들은 줄곧 하나님께 불평하고 완악한 마음을 품었다. 하나님을 신뢰하고 복종하는 것을 완강하게 거부했다. 그 결과 하나님께서는 반역적인 백성에게 파괴적인 심판을 가하셨다. 독사들을 보내어 그들을 물게 하셨다. 불순종한 백성은 치유의 소망 없이 광야에서 죽어 가기 시작했다.

그들은 지도자인 모세에게 그들의 치유를 위해 기도해 달라고 간청했다. 모세가 중재에 나섰고, 하나님이 그에 대한 처방을 주셨다. 하나님은 모세에게 놋뱀을 만들어서 장대에 달게 하셨다. 치명적인 독으로 죽어 가는 자들이 그 놋뱀을 쳐다보면 치유된다고 하셨다. 일반적인 생각으로는 이 치료법이 어리석게 보였다. 하지만 하나님의 말씀을 믿은 자들은 놋뱀을 쳐다보았다. 믿음으로 순종한 그 사람들은 치유를 받고 살았다. 반면에 믿지 않은 자들은 혈관에 퍼진 독으로 인해 멸망했다.

믿음으로 바라보라

이 광야 사건은 복음의 메시지를 니고데모에게 설명하시기 위해 사용된 것이다. 이 사건은 니고데모에게 믿음의 눈으로 예수님을 바라보라고 촉구했다. 놋뱀은 예수님의 '모형', 또는 구약성경에서 예수님을 가리키는 상징이다. 성경 전반에 걸쳐 미래의 실재를 예시하는 예표가 많이 등장한다. 예컨대 유월절과 흠 없는 유월절 양은 사람들의 죄를 대신하여 죽임당한, 하나님의 죄 없는 어린 양이신 그리스도의 예표다 (출 12:1-13, 2-28).

놋뱀처럼 예수님은 그를 믿는 자들을 대신하여 십자가에 달리실 것이었다. 장대는 예수께서 못 박히실 나무 십자가를 예표했다. 놋뱀을 쳐다보는 것은 구원 얻는 믿음을 나타낸다. 예수님을 믿는 것은 구원을 얻기 위해 믿음으로 그를 바라보는 것과 같다.

예수님은 니고데모에게 그분의 대속하시는 죽음이 반드시 필요함을 강조하셨다. "모세가 광야에서 뱀을 든 것 같이 인자도 들려야 하리니"(요 3:14). 이 구절의 당위적 표현은 예수께서 잃어버린 죄인들을 구원하시기 위해 죽으셔야 함을 강조한다. 그분은 자기 백성의 죄를 대신 담당하여 십자가에서 희생제물로 죽으셔야 했다. 그는 율법의 저주인 영원한 죽음의 징벌을 담당하셔야 했다. 예수님은 믿음으로 자신을 바라보는 자들이 치명적인 죄의 저주에서 치유받도록 죽으셔야 했다. 그러므로 그분을 바라보는 자들은 영원히 살 것이다.

구원 얻는 믿음

이 강렬한 만남에서 예수님은 그분을 믿는 믿음의 필수성을 강조하셨다. 즉 "이는 그를 믿는 자마다 영생을 얻게 하려 하심이니라"(요 3:15)라고 주장하셨다. "믿는"의 헬라어 **피스튜오**는 '어떤 사람이나 어떤 것을 신뢰하다.'라는 뜻이다. 이것은 사람이 자신의 삶을 어떤 사람이나 어떤 것에 맡기는 것을 뜻한다. 이 경우에는 구원 얻는 믿음의 대상이 예수 그리스도시다. 니고데모는 자신의 삶을 예수 그리스도께 맡겨야 했다. 자신의 죽은 종교에서 돌이켜 오직 그리스도만을 바라보아야 했다.

요한복음에는 구원 얻는 믿음을 나타내는 다른 비유가 많다. 이 결정적인 행위는 집에 손님을 맞아들여서 그와 더불어 따뜻한 친교를 나누는 것처럼 예수님을 우리의 삶 속에 영접하는 것으로 표현된다(1:12). 또한 구원 얻는 믿음은 상관의 권위 있는 명령에 유의하듯이 예수님께 순종하는 것이다(3:36). 그것은 떡을 먹어서 자양분을 흡수하듯이 예수님을 먹는 것과도 같다(6:35, 51, 53-54, 56-58). 구원 얻는 믿음은 생명을 유지하기 위해 물을 마시듯이 예수님을 마시는 것과도 같다(4:14, 7:37-38). 그것은 또한 스승의 권위 있는 가르침을 따르듯이 예수님을 따르는 것이다(8:12). 구원 얻는 믿음은 양이 목자를 따라가듯이 예수님을 따라가는 것이다(10:4, 27). 이 외에도 인용할 수 있는 구절이 더 있지만, 이들만으로도 예수 그리스도를 믿는 것이 무엇인지를 적절히 묘사하기에 충분하다.

영원한 생명의 선물

예수께서는 니고데모에게 약속된 이 생명이 "영원하다"(아이오니오스)고 하셨다. "영생"의 문자적 의미는 '시대들의 생명'이다. 이는 영광 중에 하나님과 미래를 함께하는 것을 가리킨다. 이것은 첫째로 거듭남을 통해 받는 생명의 특성을 알려 준다. 영생은 거듭난 영혼에 들어오는 하나님의 생명이다. 사실상 영생은 예전에 공허하고 죽었던 영혼 속에 거하시는 하나님의 생명이다.

이 '시대들의 생명'은 이 세상에 살면서도 경험한다. 거듭난 자들을 위한 천상의 생명이 현재에서 시작된다. 신자들이 하늘에 들어가기 오래전에 하나님께서 이미 그들 가운데 거하기 위해 오신다. 우리가 거듭나고 예수 그리스도를 믿는 순간에 영생이 시작된다.

이후에 주님은 "내가 진실로 진실로 너희에게 이르노니 내 말을 듣고 또 나 보내신 이를 믿는 자는 영생을 얻었고 심판에 이르지 아니하나니 사망에서 생명으로 옮겼느니라"(요 5:24)라고 말씀하신다. 현재형("영생을 얻었고")은 하나님께로부터 받은 이 생명이 우리가 예수 그리스도를 믿는 순간에 시작됨을 강조한다.

영생은 예수 그리스도의 생명을 받는 것이다(1:4).

예수님은 자신이 "생명의 떡"(6:35)이라고 말씀하셨다. 오직 예수님만이 그를 먹는 자들에게 초자연적인 생명을 주신다. 그는 "산 떡"(51절)이시다. 이는 그가 살아 계시며 생명으로 가득하심을 뜻한다.

오직 그분만이 그를 믿는 이들에게 "풍성히" 생명을 주신다(10:10). 예수께서 자신이 "생명"이라고(11:25, 14:6) 말씀하신 것도 이 때문이다. 이 생명은 구원 얻는 관계 속에서 자신의 삶을 예수 그리스도께 복종시킬 때 드러난다(17:3).

반면에 그리스도가 없는 자들은 영적 생명을 갖지 못한 공허한 존재다. 하나님의 이 생명은 "그분 안에서"만 발견된다. 그는 영생의 유일한 근원이시다.

예수 그리스도를 알지 못하면 영생을 경험할 수 없다. 그분을 떠나서는 영적 죽음만을 경험할 것이다.

니고데모는 이 사실을 배워야 했다. 왜냐하면 그는 종교를 지녔을 뿐 영생은 지니지 못했기 때문이다.

하나님과 함께하는 무한한 생명

또한 "영생"은 이 생명의 지속성을 시사한다. 하나께로부터 오는 이 생명은 결코 끝나지 않을 것이다. 그분과의 관계도 결코 끊어지지 않을 것이다. 그것은 장래의 모든 시대에 걸쳐 영원히 지속될 것이다. 우리가 그리스도 안에 살아 있으면 영원히 그분 안에서 살 것이다. 영생은 하나님과의 끊어지지 않는 친교다. 하나님 안에서 우리 영혼이 온전히 만족하는 삶이다.

성경의 다른 구절을 통해 예수님은 "내가 주는 물을 마시는 자는 영원히 목마르지 아니하리니"(요 4:14)라고 말씀하셨다. 이 생수는 영원히 만족스러울 것이다. 우리 영혼을 만족시키기 위해 다른 곳을 돌아볼 필요가 없다. 하나님의 이 은혜를 한 모금만 마시면, 우리는 결코 다시 목마르지 않을 것이다. 이것이 바로 그리스도 안에 있는 영생의 영원한 경험이다. 또한 예수님은 "나를 믿는 자는 영원히 목마르지 아니하리라"(6:35)고 말씀하셨다. 그리스도를 믿는 자들은 그분 안에서 항상 만족할 것이다. 우리는 만족을 위해 다른 곳을 돌아볼 필요가 없다. 예수님은 "이 떡을 먹는 자는 영원히 살리라"(58절)고도 말씀하셨다. 그리스도를 먹고 마시는 자들은 영원한 만족을 누릴 것이다. 이 세상이 주는 것과 다르게, 예수님은 내적인 만족을 주신다. 그리스도를 믿음으로써 우리는 그분 안에서 영원히 만족할 것이다.

영원한 용서와 자유

예수께서 "내가 진실로 진실로 너희에게 이르노니 내 말을 듣고 또 나 보내신 이를 믿는 자는 영생을 얻었고 심판에 이르지 아니하나니 사망에서 생명으로 옮겼느니라"(요 5:24)라고 말씀하셨다. 영생은 하나님이 주시는 생명이 결코 끝나지 않을 것을 뜻한다. 하나님은 취소될 수 없는 용서를 베푸신다. 만일 신자가 10년 동안 용서받은 후에 자신의 구원을 잃어버릴 수 있다면 10년의 생명을 지녔을 뿐이다. 그러나 하나님은 믿는 자들에게 영원한 생명을 주신다. 이것은 결코 끝나지 않을 생명이다. 이것이 영원한 이유는 영원토록 존속되기 때문이다.

예수님은 이렇게 말씀하셨다. "진실로 진실로 너희에게 이르노니 죄를 범하는 자마다 죄의 종이라 종은 영원히 집에 거하지 못하되 아들은 영원히 거하나니 그러므로 아들이 너희를 자유롭게 하면 너희가 참으로 자유로우리라"(8:34-36).

우리가 거듭날 때 하나님께서 우리를 죄의 지배에서 건져 내신다. 그리스도 없이는 모든 사람이 하나님의 진노 아래에 있다(3:36). 모든 사람이 죄를 범했고, 죄의 삯은 사망이다(롬 3:23, 6:23). 하나님은 거룩하시고 공의로우시기 때문에 반역하는 죄인을 벌하셔야 한다. 그리스도를 믿는 것은 죄의 생활방식을 버리고 순종하는 마음으로 그리스도께로 돌이키는 것을 포함한다.

또한 믿는다는 것은 하나님의 진노로부터 구원받음을 뜻한다.

거듭날 때 우리는 곧바로 어둠의 나라에서 하나님 나라로 옮겨진다. 성령의 역사로 말미암아 우리가 위로부터 두 번째 출생을 경험할 때 이 극적인 구원이 일어난다. 이 이적은 하나님의 말씀에 순종하여 살아가는 새 힘을 준다. 거듭난 사람들은 더 이상 세상적인 욕망을 따르지 않는다. 그 대신 한때 그들의 삶을 지배했던 죄의 요새로부터 벗어난다. 예수님은 "아들이 너희를 자유롭게 하면 너희가 참으로 자유로우리라"(요 8:36)고 말씀하셨다. 구원받은 자는 결코 옛 주인인 죄에 예속된 삶으로 돌아가지 않을 것이다. 그리스도 안에 있는 영원한 생명은 종살이에서 영원히 자유로워짐을 뜻한다. 자유로워진 영혼의 새 주인은 바로 그리스도시다.

영원히 하나님과 함께 사는 것

나사로가 죽었다는 소식을 들으신 예수님은 나사로가 살고 있었던 베다니로 향하셨다. 예수께서 나사로의 자매들 중 하나인 마르다를 만나셨을 때, 그녀는 "주께서 여기 계셨더라면 내 오라버니가 죽지 아니하였겠나이다"(요 11:21)라고 아뢰었다. 이 담대한 말을 들으신 예수님은 이렇게 대답하셨다. "나는 부활이요 생명이니 나를 믿는 자는 죽어도 살겠고 무릇 살아서 나를 믿는 자는 영원히 죽지 아니하리니 이것을 네가 믿느냐"(25-26절). 거듭난 자들은 영적으로 결코 죽지 않을 것이다.

육체적으로 죽는 모든 신자는 영적으로 하나님과 함께 영원히 살 것이다. 거듭난 사람은 죽음 후에 곧바로 하나님의 임재 속으로 들어갈 것이다. 부활의 생명은 무덤을 초월한다. 거듭난 사람은 결코 지옥의 저주에 처하지 않을 것이다.

그리스도는 그분을 믿는 모든 사람이 진 죄의 빚을 대신 갚아 주셨다. 그러므로 하나님은 그 죄에 대한 삯을 결코 다시 요구하시지 않을 것이다. 한번 그리스도 안에서 살아난 사람은 영원히 그분 안에 살아 있다. 거듭나서 예수님을 믿는 사람은 영원히 하나님과 함께 살 것이다.

성령이 우리와 영원히 함께하신다

우리가 그리스도를 믿을 때 성령께서 우리와 영원히 함께하신다. 예수님께서는 제자들을 다락방에 모으셨을 때, 자신이 떠난 후에 성령을 보내어 영원히 그들과 함께하게 할 것이라고 약속하셨다. "내가 아버지께 구하겠으니 그가 또 다른 보혜사를 너희에게 주사 영원토록 너희와 함께 있게 하리니"(요 14:16).

이 또 다른 "보혜사"는 성령이시다. 보혜사로서 그는 모든 신자 안에 "영원토록" 거하신다. 거듭남을 통해 모든 신자는 영원토록 성령과 함께한다. 그 어떤 신자도 함께하시는 성령의 임재를 잃지 않을 것이다.

신자와 함께 거하시는 성령께서 결코 그를 떠나시지 않을 것이다.

앞에 언급된 구절들은 영생의 영원한 특성을 알려 준다. 거듭난 사람은 영생을 지닌다. 이 생명은 우리가 죽은 뒤 영원에 들어섰을 때 시작되는 것이 아니다. 영생은 우리가 거듭나는 순간에 시작된다. 그래서 영생을 소유하는 것은 언제나 현재 시제로 표현된다. 영생은 위로부터 난 모든 사람이 곧바로 지니는 것이다. 성자 하나님을 믿는 자는 누구나 곧바로 영생을 얻는다. 모든 신자는 결코 빼앗길 수 없는 영원한 생명을 지녔다.

영원한 생명으로 사는 자는 풍성한 기쁨을 누린다. 모든 신자는 모든 죄를 영원히 사함받고 한때 그들을 속박했던 죄에서 영원히 풀려난다. 우리는 영원토록 실제로 하나님과 함께 살며, 그의 성령과 영원토록 함께한다. 성령은 예수 그리스도를 믿는 모든 사람 안에 거하시며 그들에게 힘을 주신다. 이 모든 약속은 무조건적이며 영원하다.

결코 다시 거듭나지 않는다

중생의 이적은 단회적 행위다. 그것은 결코 취소되거나 반복되지 않는다. 사람은 단 한 번 거듭난다. 이 처음의 구원 은혜는 영구적이며 영원토록 존속된다. 다시 거듭나는 사람은 아무도 없다. 중생은 결코 취소되거나 반복되지 않는다. 거듭남은 결코 취소되거나 무효화될 수 없다. 영원하신 하나님의 영원한 생명이 신자들 속에 영원토록 살아 있다.

당신은 거듭나야 한다

첫째, 당신이 아무리 종교적이더라도, 천국에 들어가기 위해서는 거듭나야 한다. 당신이 아무리 비종교적이더라도 거듭나야 한다. 당신이 세상의 모든 종교적인 지식을 지녔을지라도 위로부터 나야 한다. 머리는 가득 차도 가슴은 비었을 수 있다. 당신이 하나님 나라에 들어가기 위해서는 하나님께서 당신의 마음속에 역사하셔야 한다.

둘째, 당신이 영원한 징벌에서 벗어나기 위해서는 예수 그리스도를 향한 개인적인 믿음에 온전히 의존해야 한다. 만일 당신이 그리스도께 자신을 맡기면, 그가 모든 죄에서 당신을 구해 주실 것이다. 만일 당신이 그렇게 하지 않으면, 당신이 지은 죄로 말미암아 그분의 영원한 징벌을 받을 것이다.

셋째, 당신은 거듭나기 위해서가 아니라 거듭났기 때문에 그의 명령에 순종해야 한다. 그가 당신의 삶에 행하신 일로 인하여 당신은 남은 생애 동안 그분께 영광과 찬양을 돌려야 한다. 이것은 거듭남을 확인하는 증거이며, 하나님께로부터 받은 새 생명이 맺는 의의 열매다.

이 사실이 모든 신자에게 얼마나 큰 위안인지 모른다. 우리는 마치 일만 년 동안 천국에 거하는 것처럼 확실하게 천국을 보장받았다. 당신도 '하나님의 구원의 은혜'라는 영원한 안전 속에 거하기를 바란다. 이것은 모든 신자를 위한 가장 큰 위안이다.

15.
거저 주어진 값비싼 선물

하나님이 세상을 이처럼 사랑하사 독생자를 주셨으니
이는 그를 믿는 자마다 멸망하지 않고 영생을 얻게 하려 하심이라
하나님이 그 아들을 세상에 보내신 것은 세상을 심판하려 하심이 아니요
그로 말미암아 세상이 구원을 받게 하려 하심이라

요한복음 3장 16-17절

예수 그리스도를 이 세상에 보내신 하나님의 마음속에 자리 잡은 추동력은 죄 가운데서 멸망하는 자들을 향한 그분의 위대하신 사랑이다. 하나님은 그분의 진노 안에 있는 죄악된 세상을 파괴하시기보다는 우리에게 부어져야 마땅한 의분으로 자기 아들을 십자가에 못 박는 편을 택하셨다. 이 세상의 소망 없는 자들을 위한 하나님의 이 놀라운 사랑이 거듭남의 중심에 있다.

죄인들을 위한 하나님의 사랑은 복음의 반짝이는 왕관 맨 위에서 밝게 빛나는 보석이다. 다른 모든 보석을 능가하는 가장 소중한 보화가 죄인들을 위한 하나님 아버지의 사랑 안에 있다. 만일 우리가 하나님 나라 바깥에 있는 자들을 향한 하나님의 위대하신 사랑을 묘사하는 단 한 구절을 골라야 한다면, 그것은 아마도 요한복음 3장 16절일 것이다. 이것은 성경 전체에서 가장 사랑받는 구절이라고 할 수 있다.

이 구절이 그토록 소중한 이유는, 이것이 가장 위대한 선생이신 예수 그리스도의 말씀이기 때문이다.

이 구절은 세상에서 가장 위대한 사랑을 지니신 분이 성부 하나님이심을 밝힌다. 그것은 하나님께서 죄인들을 위해 그분의 독생자를 주셨다는 가장 위대한 희생을 묘사한다. 또한 믿는 자들은 멸망하지 않는다는 가장 위대한 구원을 약속하는 구절이다. 아울러 예수 그리스도를 믿는 자 누구에게나 가장 위대한 선물인 영생을 약속한다. 그러므로 우리는 이 구절이 예로부터 큰 사랑을 받은 이유를 쉽게 이해할 수 있다.

이 기념비적인 말씀을 통해 니고데모에게 복음의 핵심이 전해졌다. 여기서 예수님은 하나님 나라 바깥에 서 있던 존경받는 인물에게 구원의 좋은 소식을 선언하셨다. 그것은 하나님의 아들인 예수 그리스도를 통해 죄인들을 자신과 화목케 하시는 하나님의 사랑에 대한 메시지다. 니고데모는 영생을 얻기 위해 그리스도를 믿어야 한다. 예수께서 그에게 하시려고 한 말씀 중에서도 이 핵심 진리가 가장 심오한 것이었다.

다시 말해 이것은 최고 절정에 이르는 구원의 메시지다.

그렇다면 지난 2천 년 동안 수많은 사람을 매료시켜 온 이 황금 구절에 주목해 보자.

사고의 연속성

깊은 사랑을 받는 이 구절의 원문은 원인을 나타내는 접속사로 시작된다. 이 접속사는 앞뒤 구절이 사고의 연속성을 지닌 것으로 연결됨을 나타낸다. 다시 말해 앞뒤 구절이 불가분적으로 연결되어 있다. 즉 예수 그리스도를 믿고 영생을 얻어야 한다는 진리가(요 3:15) 16절에서 더 발전된다.

하나님은 사랑이시다

예수님은 성부 하나님께서 멸망해 가는 죄인들을 구하기 위해 자신을 이 세상에 보내셨다고 말씀하신다. 이것은 이 세상에서 감당하신 예수님의 사명에 대한 그분 자신의 간명한 설명이다. 하나님의 모든 구원 계획은 그분의 사랑에서 비롯된다.

하나님은 세상이 시작되기 전에 그분이 택하신 자들을 사랑하셨다.

그분이 복음을 마련하셨고, 그분이 택하신 자들을 자기 아들에게 신부로 주셨다. 그리고 성부께서 성자를 세상에 보내어 그에게 주어진 자들을 위해 죽게 하셨다. 또한 성부와 성자께서 택함받은 자들을 거듭나게 하시고 그의 나라로 들어가게 하기 위해 성령을 세상에 보내셨다.

이 구원사역이 시작되게 한 것이 바로 성부 하나님의 사랑이다. 성경은 이르기를 "하나님은 사랑이심이라"(요일 4:8,16)고 한다. 이는 하나님의 성품 자체가 사랑이라는 뜻이다. 그의 사랑은 무조건적이며, 사랑받는 자의 공적에 근거하지 않는다. 하나님의 사랑은 그분 자신 안에서 일어난다. 왜냐하면 사랑할 것을 선택하시는 분은 그분 자신이며, 그분은 너무도 위대하시기 때문이다.

그는 사랑스럽지 않은 자를 사랑하기로 선택하신다. 다시 말해 하나님은 사랑받을 자격이 없는 자들을 사랑하기로 하셨다. 하나님이 세상을 사랑하신 것은 세상이 사랑스러워서가 아니다. 이 세상은 혐오스럽고 그분의 거룩하심에 위배된다. 이 세상은 하나님을 반역하고 그분의 의분을 불러일으킨다. 하나님은 죄악에 대해 분노하신다.

그러나 하나님은 진노의 대상인 자들을 사랑하기로 하셨다. 하나님의 사랑이 그토록 놀라운 것도 바로 이 때문이다. 그분은 사악한 자들을 사랑하신다. 우리 모두가 사악한 자들에 속한다. 또한 하나님은 자기를 대적하는 자들을 사랑하신다. 그와 같이 사랑하시는 것은 그분이 사랑이시기 때문이다.

영원한 사랑

하나님은 영원 전부터 죄인들을 사랑하셨다. 그들을 지으시기 전부터 그들을 사랑하셨다. 이 세상을 향한 하나님의 사랑이 갖는 이 영원한 특성은 "사랑하사"라는 동사의 과거시제에 드러난다.

하나님의 사랑은 영원 전으로 거슬러 올라간다. 그가 구원하기로 선택하신 자들을 사랑하기 시작하신 때는 영원 전이었다. 그가 택하신 자들을 미리 아신 때도 영원 전이었다(롬 8:29). "미리 아신"(프로기노스코)이라는 단어는 하나님께서 각별하신 사랑으로 그들을 예전부터 사랑하셨음을 뜻한다.

사도 바울은 "창세 전에… 우리를 예정하사 예수 그리스도로 말미암아 자기의 아들들이 되게 하셨으니"(엡 1:4-5)라고 말한다. 이는 시간이 시작되기 전에 하나님께서 택하신 자들을 사랑하셨다는 말씀이다. 하나님은 그분께 속한 자들을 지으시기 전부터 그들을 사랑하셨다. 그들이 죄를 짓기 전부터 그들을 사랑하셨다.

성부 하나님께서 자기 아들을 세상에 보내셨을 때, 그의 영원하신 사랑이 시간 속에서 온전히 실현되었다. 하나님께서 택하신 자들을 위해 자기 아들을 갈보리에서 죽음에 넘기셨을 때, 그들을 위한 그의 사랑이 가장 밝히 드러났다(롬 8:32).

성부 하나님의 이 사랑은 복음을 거저 주심으로써 인간의 역사 속에 두루 확장되었다. 또한 그분의 자녀들을 돌보시며 그들에게 필요한 것을 제공하심으로써 지금도 그분의 사랑이 역사하고 있다. 이 사랑은 결코 쇠하지 않을 것이다. 하나님께서 장차 모든 신자를 그분의 영원한 임재 가운데로 이끄실 때까지 그 사랑은 영원토록 지속될 것이다.

위로부터 오는 사랑

"보라 아버지께서 어떠한 사랑을 우리에게 베푸사 하나님의 자녀라 일컬음을 받게 하셨는가"(요일 3:1)라는 사도 요한의 확언이 이 진리를 뒷받침한다.

우리는 이와 같은 하나님의 사랑의 특성을 숙고해야 한다. "어떠한"(포타포스)의 문자적 의미는 '또 다른 나라의'이다. 달리 말하면 하나님의 사랑은 또 다른 세계로부터 내려온 것이다. 그것은 이 세상에서 결코 본 적이 없는, 이 세상 밖의 사랑이다.

하나님의 이 사랑은 이 세상에 기원을 둔 그 어떤 사랑보다 숭고하다. 그것은 오직 하나님께만 속한 또 다른 영역의 사랑이다. 하나님의 사랑은 사람이 보여 준 그 어떤 사랑을 능가한다. 아내를 위한 남편의 사랑이나 자녀를 위한 어머니의 사랑도 택하신 자들을 향한 하나님의 사랑에 비할 수 없다.

그 무엇도 하나님의 사랑과 비교될 수 없다.

광대하고 위대한 하나님의 사랑

요한복음 3장 16절은 하나님이 "세상"을 이토록 사랑하셨다고 말한다. 여기서 "세상"(코스모스)은 죄로 더럽혀진 타락한 인생들을 가리킨다. 정죄를 받아 하나님의 진노 아래에 놓인 인류 전체를 가리킨다. 헬라인과 야만인들(롬 1:14), 즉 유대인과 이방인 모두를 포함한 인류 전체를 가리킨다. 종교적, 사회적 지위에 상관없이 하나님은 이 세상의 지혜로운 자나 어리석은 자, 종교적인 자나 비종교적인 자 모두를 사랑하신다.

하나님의 사랑의 범위는 너무나 광대하므로 "각 족속과 방언과 백성과 나라"에 속한 사람 모두에게 향한다(계 5:9). 여기서 모든 "족속"은 동남아시아인부터 북부 캐나다인에 이르기까지, 세상의 모든 민족을 포함한다. 모든 "방언"은 러시아어부터 스페인어와 게일어에 이르기까지, 모든 언어를 포함한다. 모든 "백성"은 스칸디나비아와 서아프리카와 호주를 포함한 모든 지역에 거주하는 모든 인종을 포함한다. 모든 "나라"는 동유럽 나라와 남태평양 섬나라 등 모든 정치 집단에 속한 사람들을 포함한다.

세상을 향한 하나님의 사랑은 단지 그분의 감정이 아니다. 값싸고 감상적인 사랑이 아니다. 그것은 비참한 죄인들을 대신하여 자기 아들을 죽게 하신 사랑이다. 그분의 진노 아래에 처한 자들을 구하시기 위해 희생적으로 베푸시는 사랑이다.

하나님 사랑의 위대함은 그분을 신뢰하는 모든 사람을 대신하여 죽게 하시려고 "독생자를" 주신(요 3:16) 사실에서 드러난다.

참사랑은 다른 사람들에게 받으려 하지 않고 도리어 그들에게 베푼다. 진정한 사랑은 사랑하는 사람에게 가장 유익한 것을 위해 자신을 희생한다. 참사랑은 값비싼 대가를 기꺼이 치른다. 그분의 사랑은 큰 대가를 치르신 사랑이다. 이것이 바로 이 세상을 위한 하나님의 사랑이다. 가장 큰 희생을 치르신 사랑이다. 자기 아들을 십자가에 내어 주신 사랑이다.

세상을 향한 하나님의 사랑은 우리를 위해 자기 "독생자"를 희생시키셨고 우리에게 가장 값비싼 선물을 주셨다.

"독생자"(모노게네스)는 '그 종류에서 유일한 것, 유일하신 분'을 뜻한다. 이 말은 예수님이 여러 아들 중 한 분이 아니라 유일한 아들이라는 뜻이다. 예수께서 하나님의 유일한 아들이라는 사실은 성부의 사랑을 더욱 부각시킨다.

이 희생적인 사랑에 대해 사도 바울은 "우리가 아직 죄인 되었을 때에 그리스도께서 우리를 위하여 죽으심으로 하나님께서 우리에 대한 자기의 사랑을 확증하셨느니라"(롬 5:8)고 말한다.

이와 같이 이타적이며 무조건적인 사랑은 십자가에서 생생하게 드러났다. 사도 요한은 다음과 같이 덧붙인다. "하나님의 사랑이 우리에게 이렇게 나타난 바 되었으니 하나님이 자기의 독생자를 세상에 보내심은 그로 말미암아 우리를 살리려 하심이라 사랑은 여기 있으니 우리가 하나님을 사랑한 것이 아니요 하나님이 우리를 사랑하사 우리 죄를 속하기 위하여 화목제물로 그 아들을 보내셨음이라"(요일 4:9-10). 하나님의 위대한 사랑은 그분의 위대한 희생으로 입증된다.

거저 주어진 선물

예수께서 니고데모에게 이르시기를, 멸망으로 향하는 자들은 이 사랑을 받아들여야 한다고 하셨다. 이 사랑에 대한 유일하고도 올바른 반응은 그분을 믿는 것이다.

니고데모가 예수 그리스도를 믿는다는 것은 단지 예수께서 하신 말씀을 지적으로 인지하는 것 이상을 뜻한다. 또한 그것은 예수님에 대한 따뜻한 감정이나 감상적인 기분 그 이상을 수반한다.

구원 얻는 믿음은 훨씬 더 깊은 것이다. 그것은 그에게 훨씬 더 많은 것을 요구한다. 하나님의 사랑은 니고데모의 삶을 예수 그리스도께 맡길 것을 요구했다. 그것은 예수님을 주와 구주로 온전히 신뢰할 것을 요구했다.

"(그를) 믿는 자마다"는 니고데모에게 거저 주어진 선물임을 시사한다. 하지만 그것을 받아들일 때 선물이 된다. 그가 과거에 지은 죄악들에도 불구하고, 이러한 복음과 사랑이 그에게 제시되었다.

구원하시는 사랑

예수님은 왜 니고데모가 그분을 믿어야 하는지 말씀하신다. 그것은 멸망하지 않기 위해서다(요 3:16). 이것은 그때에 니고데모가 멸망으로 향하고 있었다는 것을 시사한다. 그가 새로 태어나지 않으면, 하나님의 공의로운 징벌이 그의 영혼을 영원히 멸할 것이다. "멸망하지"(아폴뤼미)는 '파괴되다'라는 뜻이다. 니고데모는 죄 가운데서 죽어 가고 있었다. 겉으로는 존경스러워 보였지만 속은 죽어 있었다. 그는 영원한 멸망으로 향하고 있었다.

니고데모를 위한 메시지는 절박했다. 만일 그가 예수 그리스도를 믿고 거듭나지 않으면, 지옥이라는 실제적인 곳에서 영원한 파멸이 그를 기다릴 것이다. 그러나 그가 자신의 삶을 그리스도께 맡긴다면, 멸망하지 않고 영원한 파멸로부터 구원을 받을 것이다. 불과 유황의 못에 던져지는 영원한 멸망에서 구원받기 위해서는 이와 같은 믿음이 필요하다. 만일 그가 자기 의에서 돌이켜 예수님을 영접하면, 예수께서 이미 그의 삶에 머물고 있던 하나님의 진노로부터 그를 구해 주실 것이다(요 3:36).

예수님께서는 하나님 사랑의 최종적인 면을 언급하셨고, 니고데모는 그 말씀에 귀 기울여야 했다. 예수님은 만일 그가 그분을 믿으면 "영생을" 얻을 거라고 약속하셨다(16절). 영생은 개인적으로 하나님을 아는 것이다. 그 후에 예수님은 이렇게 기도하셨다. "영생은 곧 유일하신 참 하나님과 그가 보내신 자 예수 그리스도를 아는 것이니이다"(17:3). 이것은 니고데모에게 주어진 약속이기도 했다. 비록 그가 죄로 인해 하나님으로부터 분리되었지만, 그리스도를 믿는 믿음으로 하나님과 개인적으로 교제할 수 있다.

그리스도께서 오신 이유

예수님은 자신이 세상에 오신 이유를 밝히신다. "하나님이 그 아들을 세상에 보내신 것은 세상을 심판하려 하심이 아니요 그로 말미암아 세상이 구원을 받게 하려 하심이라"(요 3:17). 이 진리를 설명하시면서 부정적인 표현을 먼저 하신 다음 긍정적인 단언을 내리신다.

다음과 같이 주님은 자신이 이 세상에 오신 이유가 아닌 것을 먼저 언급하신다. "하나님이 그 아들을 세상에 보내신 것은 세상을 심판하려 하심이 아니요"(17절).

그가 오신 주요 목적은 심판을 수행하시기 위함이 아니었다. 예수님을 믿지 않는 모든 사람이 정죄를 받은 상태이지만(18-19절), 하나님께서 그분의 아들을 보내신 것은 그들을 정죄하기 위함이 아니라 구원하시기 위함이었다.

죄인들은 자신의 죄 때문에 이미 하나님의 심판 아래 놓여 있다. 그들은 이미 하나님 앞에 정죄를 받은 상태이기 때문에 하나님께서 아들을 보내신 목적은 죄인들을 심판하시기 위함이 아니었다.

"심판하려"(크리노)의 문자적 의미는 '구별하다, 분리하다'이다. 즉 어떤 것을 골라낸다는 뜻이다. 따라서 이것은 하나님께서 사람들을 구분하시는 것을 의미한다. 심판을 받는 것은 하나님의 진노로부터 구원받는 것과 정반대의 의미다. 그것은 죄인에 대한 하나님의 진노가 실행되는 것을 뜻한다.

교회 안에서는 그리스도가 심판주로 이해된다. 물론 그리스도는 세상을 심판하시기 위해 재림하실 것이다. 하지만 그가 오시는 주요 목적은 심판이 아니다. 그의 임무는 성부 하나님의 사랑에서 비롯된 것이다.

그의 목표는 사람들을 하나님과 화해시키는 것이었다. 우리가 십자가에 못 박히신 그리스도를 전할 때, 그분을 모르는 자들에게는 이 메시지가 걸림돌이 된다. 하지만 구속함을 받은 자들에게는 이것이 승리의 절정이다. 믿는 자들에게 복음은 큰 기쁨이다.

이어서 예수님은 자신이 세상에 오신 이유를 긍정적인 표현으로 말씀하신다. 그가 하나님의 보내심을 받은 것은, "그로 말미암아 세상이 구원을 받게 하려 하심"이었다(요 3:17). 여기서 "구원"(sōzō, 소조)은 "멸망(파멸)으로부터의 구원"을 뜻한다. 그가 이 세상에 오신 주요 목적이 바로 이것이었다. 위험한 상황에 처한 인류를 구원하러 오신 것이다.

즉 예수님은 죄인들을 영원한 징벌에서 구원하기 위해 오셨다.

이 목적은 분명했다. 예수님이 탄생하셨을 때 천사가 요셉에게 "이름을 예수라 하라 이는 그가 자기 백성을 그들의 죄에서 구원할 자이심이라"(마 1:21)고 선언했다. "주께서 구원하신다"는 뜻인 예수라는 이름은 그가 이 세상에 오신 목적을 계시한다. 예수님은 "건강한 자에게는 의사가 쓸 데 없고 병든 자에게라야 쓸 데 있느니라"(마 9:12)고 설명하셨다. 그는 죄 가운데서 죽어 가는 자들의 영혼을 치유하기 위해 오셨다.

삭개오의 회심에 대한 기사에서 예수님은 자신이 온 목적을 선언하신다. "인자가 온 것은 잃어버린 자를 찾아 구원하려 함이니라"(눅 19:10).

그는 잃어버린 사의 영혼을 구하기 위해 오셨다. 하나님의 임박한 심판으로부터 그들을 구원하러 오셨다. 죄는 인류를 영원한 파멸로 나아가게 한다. 그러나 하나님은 그분의 진노에 직면한 자들을 구원하시기 위해 그리스도를 보내셨다.

자신에 대한 후한 평가에도 불구하고 니고데모는 영원한 지옥불에서 구출되어야 했다. 그는 이미 타오르기 시작한 하나님의 의로운 진노의 불에서(요 3:36) 구원받아야 했다. 예수님을 만난 순간의 니고데모가 처한 상황이 바로 그러했다. 그는 다가올 진노로부터 구원받아야 했다.

성부 하나님의 영원한 목적

예수께서 수행하신 구원 임무는 그분이 주도하신 것이 아니다. 그가 자의적으로 이 세상에 오기로 결심하신 것이 아니다. 그를 믿는 자들을 구속하기 위해 십자가에 달리신 것은 성부 하나님의 영원한 목적이었다.

예수님은 "아들을 세상에 보내신" 분이 아버지이심을 강조하셨다(요 3:17). 멸망으로 향하는 자들을 구하기 위해 아들을 보내시는 것은 아버지의 뜻이었다. 하나님은 진노 아래 있는 자들을 구속하시기 위해 그분의 크신 사랑으로 독생자를 보내셨다.

성부 하나님이 예수님을 보내셨다는 사실은 요한복음 전반에 걸쳐 강조된다. 성자 하나님을 보내신 분은 성부 하나님이시다(3:34). 하나님이 그리스도를 보내어 그분의 말씀을 전하게 하셨다(7:29). 성부 하나님이 예수님으로 하여금 맡은 일을 성취하여 그의 신성을 입증하게 하셨다(5:36, 38). 성부 하나님이 자신의 뜻을 행하시려고 예수님을 보내셨다(6:29, 38, 57).

예수님은 아버지가 자신을 보내셨다는 것을 알고 계셨다(8:42). 예수님이 아버지께로부터 오신 이유는 아버지가 그를 보내셨기 때문이다(10:36). 예수님은 아버지의 보내심을 받아 세상에 오신 하나님의 아들이다(11:42). 예수님은 아버지께서 그에게 맡기신 일을 이루셨음을 확언하신다(17:3, 8, 18, 21, 23, 25). 아버지가 자신을 세상에 보내신 것같이 자신을 따르는 자들을 그분도 세상에 보낸다고 말씀하시며, 그들을 평안으로 위로하신다(20:21).

만일 니고데모가 예수님이 제시하시는 구원을 거부한다면, 그는 진리를 증언하기 위해 예수님을 보내신 하나님을 거부하는 셈이다. 하나님이 보내신 분인 예수 그리스도를 거부하면서 하나님을 올바로 섬기는 것은 불가능하다. 구원하시는 목적을 이루는 것에서 성부와 성자는 하나이시다(10:30).

갈림길에 서서

바로 그 순간에 니고데모는 삶의 전환점에 서 있는 자신을 발견했다. 그는 멸망으로 향하는 넓은 길을 걷고 있었다. 그는 생명으로 향하는 새 길을 선택해야 했다. 그러기 위해서는 죽은 종교를 수용하는 넓은 길에서 벗어나야 했다. 성부 하나님에 의해 예비되고 포장된 좁은 길에 믿음으로 들어서야 했다. 그는 많은 사람들로 붐비는 길을 떠나 사람들이 거의 다니지 않는 고립된 길을 택해야 했다. 이것은 니고데모가 취해야 하는 결정적인 믿음의 단계다. 그에게 놓인 가장 중요한 결단이다.

만일 당신이 거듭났다면, 이와 같은 삶의 교차점에 서 있었던 때를 기억하는가?

이와 같은 선택에 직면했던 때를 기억하는가?

당신이 넓은 길을 걸었던 때를 기억하는가?

지금이 바로 그때다

　나는 하나님의 은혜로 거듭난 사람들을 많이 보았다. 다른 사람들의 눈에는 구원받을 가능성이 희박해 보이는 사람도 많았다. 그러나 대부분은 니고데모와 같았다. 겉으로는 영적인 상태가 그럴듯했지만 내적 실재가 결여된 사람들이었다.

　당신도 한때 니고데모가 처했던 것과 같은 처지에 있을 수 있다. 어쩌면 당신은 아직 예수 그리스도를 믿지 않을 것이다. 만일 그렇다면 지금이 당신에게 중요한 순간이다.

　하나님의 영이 당신의 영혼 속에 역사하실 수 있는 때이다. 아마도 성령께서 당신이 잘못된 길을 가고 있음을, 그릇된 방향으로 가고 있음을 깨우쳐 주셨을 것이다.

　당신이 처한 상황이 그러하다면 주님을 찾을 수 있을 때 그분께 간구하라. 가까이 계실 때 그분께 부탁하라. 당신의 삶을 예수께 맡겨라. 그는 하나님의 아들이시며, 멸망하는 죄인들을 구원하시기 위해 아버지께서 이 세상에 보내신 분이다.

　당신의 마음을 그분께 돌이키라. 그분을 믿으라. 그리하면 구원을 얻을 것이다.

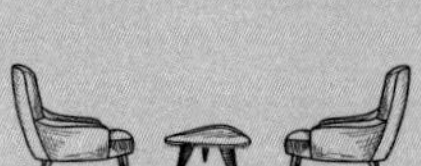

16.
둘로 나누어진 세상

그를 믿는 자는 심판을 받지 아니하는 것이요
믿지 아니하는 자는 하나님의 독생자의 이름을 믿지 아니하므로
벌써 심판을 받은 것이니라 그 정죄는 이것이니 곧 빛이 세상에 왔으되
사람들이 자기 행위가 악하므로 빛보다 어둠을 더 사랑한 것이니라
악을 행하는 자마다 빛을 미워하여 빛으로 오지 아니하나니
이는 그 행위가 드러날까 함이요 진리를 따르는 자는 빛으로 오나니
이는 그 행위가 하나님 안에서 행한 것임을 나타내려 함이라 하시니라

요한복음 3장 18-21절

하나님의 관점에서는 세상 사람이 두 그룹으로 나뉜다. 그분이 보시기에 인류는 세 그룹이나 네 그룹으로 나뉘지 않는다. 다섯 그룹이나 여섯 그룹으로 나뉘지도 않는다. 오직 두 그룹뿐이다. 이 둘은 정반대이며 서로 근본적으로 다르다.

우리 모두는 예수 그리스도를 믿는 자와 믿지 않는 자로 선명하게 구분된다. 달리 말하면 하나님의 심판을 받은 자와 심판을 받지 않은 자가 있다. 빛이신 예수 그리스도를 사랑하는 자와 그분을 미워하는 자가 있다. 영적 어둠에서 벗어난 자와 그 속에 남아 있는 자가 있다. 진리대로 사는 자와 악을 행하는 자가 있다.

이 두 그룹을 구분하는 다른 방법도 많다. 그러나 분명한 사실은, 세상에는 오직 두 그룹만이 존재한다는 것이다.

예수께서 규정하셨듯이 성령으로 난 자들과 육신으로 난 자들이 있다. 후자는 육욕적인 상태로 남아 있다. 구주로 말미암아 구원을 받은 자들과 자신의 죄 가운데서 멸망하는 자들이 있다. 영적으로 살아 있는 자들과 영적으로 죽은 자들이 있다. 이 두 부류 외에 다른 범주는 없다.

예수님은 니고데모와의 대화를 결론지으시면서 이 분명한 구분을 강조하셨다. 주님은 이것을 흑백의 문제로 언급하셨다. 하나님 나라에 속하는 문제에서는 어중간한 회색 지대가 없다. 니고데모는 천국의 시민이거나 천국의 외인이거나 둘 중 하나다. 이 두 범주 중 하나에 속할 뿐 다른 범주는 없다. 예수님은 분명한 어조로 그 당시 니고데모가 하나님 나라 바깥에 있었음을 지적하셨다. 니고데모에게 그것은 당황스럽고도 놀라운 말씀이었다. 그는 자신을 그런 식으로 생각한 적이 결코 없었기 때문이다. 그때까지 그는 하나님과의 관계에 대하여 스스로 속고 있었다. 자신이 영생이 필요한 영적 시신이라는 생각을 결코 해 본 적이 없었다. 자신이 거듭나야 하는 사람이라고 자각한 적도 없었다.

예수님은 핵심을 찌르기 위해 이 두 그룹을 예리하게 구분하신다. 대화를 마무리하면서 니고데모에게 중생의 필요성을 깊이 자각시키시기 위해 세 가지 대조 사항을 제시하신다. 이것은 니고데모로 하여금 죄인의 유일한 구주를 의지하게 하시기 위함이었다.

심판을 받은 자와 받지 않은 자

첫 번째는 현재에 하나님의 심판을 받은 자들과 심판을 받지 않은 자들의 대조다. 주님은 이 두 부류를 매우 뚜렷하게 구분하신다. "그를 믿는 자는 심판을 받지 아니하는 것이요 믿지 아니하는 자는 하나님의 독생자의 이름을 믿지 아니하므로 벌써 심판을 받은 것이니라"(요 3:18). 이 말씀을 들은 니고데모는 자신이 하나님의 심판을 받은 상태인지 받지 않은 상태인지에 대해 결론을 내려야 했다.

예수님은 니고데모가 그분을 믿으면 심판을 받지 않는다고 분명히 밝히신다. 그러나 예수님을 믿지 않는다면 그는 이미 심판을 받았다.

그 순간 니고데모는 자신이 이미 하나님의 심판을 받았다고 주님이 지적하시는 것을 알게 되었다.

하나님 앞에서 정죄당하기 위해서 그가 따로 해야 할 일은 없었다. 하나님은 천상의 최고 법정의 심판관이시다. 그 순간 니고데모는 예수님께 사형선고를 받았다.

중요한 것은 니고데모가 사람들 앞에서 어떻게 보이느냐가 아니라 하나님 앞에서 어떤 상태이냐다. 큰 존경을 받았던 그 지도자는 하나님의 저울에 달렸고, 결함이 발견되었다.

이미 정죄되었다

이 사형선고의 공식적인 집행은 마지막 날에 행해질 것이다. 그러나 이 최종 판결의 결과는 현재에도 분명하다.

니고데모는 이미 하나님 앞에서 정죄받았다. 아담의 죄가 모든 인류에게 전가되었기 때문이다(롬 5:12-21). 니고데모도 예외가 아니다. 그 자신의 죄가 하나님 앞에서 그를 정죄한다(3:23, 6:23).

하지만 그가 궁극적으로 정죄되는 것은 예수 그리스도를 믿지 않았기 때문이다. 하늘 법정은 마지막 심판의 날이 이르기 전에 모든 불신자를 심판한다. 그때의 니고데모 역시 그런 상태였다.

만일 당신이 하늘 법정에서 정죄당한 상태임을 깨달았다면 하나님께 간구하라. 하나님은 그분의 아들을 믿는 자에게 자비를 베푸신다.

만일 당신이 하나님 앞에서 자신을 낮추면 그가 은혜를 베푸실 것이다. 당신이 하나님과 어떤 관계인지 돌아보라. 죄인들의 구주이신 그리스도께로 달려가라.

우주적인 반역

예수님은 니고데모의 주의를 더욱 집중시키기 위해 그의 불신이 얼마나 심각한지 강조하셨다. 주님은 그가 "하나님의 독생자의 이름을 믿지 아니하므로 벌써 심판을 받은 것"이라고(요 3:18) 설명하셨다. 이 말씀에 따르면, 구원 얻는 믿음의 대상은 오직 예수 그리스도의 이름뿐이다. "이름"은 예수님의 인격과 임무를 가리킨다. 하나님 나라에 들어가려면 니고데모는 예수께서 하나님으로부터 오신 선생이나 이적을 행하시는 분 그 이상임을 믿어야 했다. 그는 예수께서 하나님의 아들이라고 스스로 선언하시는 분이며(16-18절), 죽음을 당하기 위해(14절) 하늘로부터(13절), 하나님께로부터(14절) 보내심을 받은 분이라는 것을 믿어야 했다. 예수님만이 하나님의 심판에서 그를 구하실 수 있다는 것을 믿어야 했다.

그의 불신의 심각성은 하나님의 아들인 예수 그리스도를 믿지 않음으로써 하나님을 거부한다는 것이다. 예수님에 대한 불신은 감히 하나님의 구원 계획을 거부하는 것이다. 그것은 하나님의 아들을 무시함으로써 하나님께 반역하는 것이다. 뻔뻔하게도 예수 그리스도를 거짓말쟁이로 만드는 것이다. 불신은 예수께서 "하나님의 독생자"이심을 철저히 거부하는 것이다(18절). 불신은 예수님이 단지 인간 교사일 뿐 신뢰할 대상으로는 적합하지 않다고 생각하는 것이다. 니고데모 같은 불신자가 이미 심판을 받은 것이 놀라운가? 다른 모든 불신자들과 마찬가지로 그 또한 하나님을 대항하는 심각한 반역에 동참했다.

빛인가 어둠인가?

두 번째는 빛과 어둠의 대조다. 주님은 "그 정죄는 이것이니 곧 빛이 세상에 왔으되 사람들이 자기 행위가 악하므로 빛보다 어둠을 더 사랑한 것이니라"(요 3:19)고 선포하셨다. 이 말씀에서 예수님은 자신을 영적 어둠인 이 세상에 오신 "빛"이라고 하셨다. 이것은 새로운 호칭이 아니다. 왜냐하면 요한이 이미 예수님을 빛이라고 묘사했기 때문이다(1:4-5, 9). 이후에 예수님은 자신을 가리켜 다시 "세상의 빛"이라고 묘사하셨다(8:12, 9:5, 12:35). 빛이신 예수님은 죄악으로 어두워진 세상에 아버지를 계시하러 오셨다. 또한 이 비유는 예수께서 완벽하게 거룩한 성품을 지니신 분임을 나타낸다. 그분은 밝은 빛으로서 사람들의 악한 행실을 드러내기 위해 오셨다.

하지만 니고데모는 자신의 죄악이 드러나도록 빛으로 나아가 하나님의 은혜를 구하기보다 다른 모든 사람들처럼 본능적으로 빛을 싫어했다. 그는 자신의 죄를 숨겨 주는 어둠을 사랑했다. 그가 빛을 미워한 이유는 빛이 자신의 악한 행실을 드러내기 때문이다. 그는 자신의 죄를 감추기 위해 의도적으로 진리를 거부했다. 계속 죄가 없는 척할 수도 있었지만, 그렇게 한다고 해서 죄의 실재가 부정되는 것은 아니었다.

빛이 오심으로써 세상에 심판이 행해졌다. 이 문맥에서 "심판"(크리시스)은 인간들의 죄에 가해지는 하나님의 판결을 뜻한다. 예수께서 세상에 오신 주요 목적은 구원이지만, 진리를 거부하는 것에 따른 불가피한 결과는 심판이다. 하나님 앞에서는 그 누구도 중립적인 상태에 있지 않다. 니고데모도 예외가 아니었다. 그는 예수님을 믿고 심판을 받지 않거나, 어둠 가운데서 심판을 받거나 둘 중 하나에 해당했다.

당신도 하나님 앞에서 자신을 숨기는가? 진리를 거부하는가? 예수께서 당신을 어떻게 구원하셨는가? 그의 은혜로운 빛이 당신을 비추어 당신의 허물을 드러냈는가?

진리인가 악인가?

세 번째 대조에서 예수님은 진리와 악을 뚜렷이 나누신다. "악을 행하는 자마다 빛을 미워하여 빛으로 오지 아니하나니 이는 그 행위가 드러날까 함이요 진리를 따르는 자는 빛으로 오나니 이는 그 행위가 하나님 안에서 행한 것임을 나타내려 함이라 하시니라"(요 3:20-21). 악을 행하는 것은 하나님의 진리와 반대되는 행위라는 말씀이다. 즉 진리를 거부하면 불가피하게 죄악을 행하기 마련이다.

예수님은 "악을 행하는 자마다 빛을 미워"한다고(요 3:20) 분명한 어조로 선언하신다. 불신자들은 실제로 빛을 미워한다. 빛을 조금만 사랑하거나 중립적인 태도를 보이는 것이 아니다. 철저하게 빛을 멸시한다. 그들은 자신의 죄를 사랑하며 세상의 빛이신 그리스도를 미워한다. 빛을 미워하는 것은 그리스도를 거부하는 것이다. 또한 거듭남의 필요성을 거부하는 것이다. 예수님은 빛을 미워하는 자들이 자신들의 행위가 드러날까 봐 빛으로 나오지 않는다고 강조하셨다(요 3:20). 어린아이가 어둠을 두려워하는 것보다 어른이 빛을 두려워하는 것이 더 서글프다. "드러날까"(엘렉크테)는 삶 속의 악을 드러낸다는 뜻이며, 이는 죄책감과 수치심을 수반한다. 따라서 불신자가 그리스도께 나아가기를 거부하는 것은 자신의 죄가 드러나지 않게 하려는 것이다. 니고데모의 모습이 바로 그러했다.

안전거리 유지

목사로서 나는 니고데모 같은 사람을 많이 보았다. 그들은 빛을 피하기 위해 어둠 속을 배회한다. 세상을 위해 살면서 천국도 갖고 싶어 한다. 불신 가운데 있는 그들은 그리스도와 어느 정도의 거리(안전거리)를 두기 원한다. 그들은 그분의 요구사항을 배제한 채 그분이 주시는 것만 받으려 한다.

이전에 목회하던 교회에서 나는 불신자 남편을 둔 여성들과 특별한 모임을 가졌다. 그들은 회심하지 않은 남편과 살아가는 고충을 얘기하며 서로를 위로했다. 그녀의 남편들은 성탄절과 부활절에만 교회에 출석했고, 다른 날에는 거의 나오지 않았다. 그들이 교회에 나올 때에는 비록 노골적으로 드러내지는 않아도 그들의 표정에 거부감이 역력했다. 그들에게 선포되는 진리를 끔찍해했다.

빛으로 나아가는 자들

반면에 참된 신자는 완진히 다른 영역에서 살아간다고 예수께서 가르치셨다. 거듭난 사람은 빛을 거부하지 않고 도리어 빛으로 나아간다. 예수님은 "진리를 따르는 자는 빛으로 오나니 이는 그 행위가 하나님 안에서 행한 것임을 나타내려 함이라"(요 3:21)고 말씀하신다. 빛으로 나아가는 자들은 빛 가운데서 살 것이다. 우리가 예수 그리스도를 믿으면 진리를 따를 것이다. 빛은 우리 삶 속의 죄를 노출시켜서 우리로 하여금 회개하고 죄에서 돌이키게 할 것이다. 빛으로 나아간다는 것이 바로 이런 뜻이다.

빛은 신자들을 좁은 길로 인도한다. 어두운 이 세상에서 거룩한 길을 알려 준다. 개인적인 정결함을 추구하는 이 걸음은 일시적인 것이 아니다. 빛으로 나아가는 사람은 진리를 따르게 된다(21절). 이것은 지속적인 생활방식과 장기적인 진리 추구를 가리킨다.

그리스도를 믿는 믿음을 지녔다는 것은 우리의 "행위가 하나님 안에서 행한 것"으로(요 3:21) 드러난다는 것을 뜻한다. 중생으로 인해 신자들은 이전에 어두움 속에서 살던 때와는 다르게 살아갈 것이다. 성령이 새 생명 안에 역사하셔서 하나님을 기쁘시게 하는 방식으로 살아갈 새 힘을 주신다. 거듭남을 통해 신자들은 새로운 피조물의 원칙에 따라 거룩한 삶을 살 것이다.

결단의 시간

니고데모와 예수님의 이 중요한 만남은 마침내 결론에 이른다. 니고데모는 어떻게 반응할까? 빛으로 나아가서 예수 그리스도를 믿고 새 길을 걷기 시작할까? 아니면 어둠 속에 머물며 악행을 계속할까?

니고데모는 지체 없이 반응해야 했다. 복음의 진리가 그에게 알려졌기 때문에 그는 머뭇거리지 말고 결단해야 했다. 주 예수 그리스도의 부르심에 응답해야 했다. 그가 복음의 진리를 들은 것만으로는 충분하지 않았다. 이제 그는 하나님의 메시지에 답해야 했다.

하지만 이 기사가 기록된 요한복음 3장에는 니고데모의 반응이 기록되지 않았다. 아마도 이 성경 교사에게는 자신이 들은 것을 반추하는 시간이 필요했을 것이다. 예수님께 들은 진리가 완전히 그의 의표를 찔렀다. 그는 예수님의 갑작스런 메시지를 듣고 깜짝 놀랐다. 니고데모가 마침내 무슨 대답을 했는지 우리는 알지 못한다.

내가 복음을 전했을 때에도 자신의 삶을 그리스도께 맡기지 않으려는 사람이 많았다. 그 원인은 여러 가지였다. 어떤 사람들은 성경의 진리를 확신하지 못했다. 어떤 사람들은 자신의 죄악된 생활방식을 포기할 준비가 되어 있지 않았다. 또 어떤 사람들은 다른 사람들의 눈을 의식했다. 그리스도를 거부하는 이러한 반응들이 내 마음을 슬프게 했지만, 나는 억지 반응을 유도하기보다는 그들의 영혼을 기꺼이 하나님께 맡겨야 했다.

예수님이 여기서 하신 일도 그러했다. 그분은 니고데모가 자신의 죄를 자백하고 복음의 메시지를 믿을 준비가 되어 있지 않다는 것을 아셨다. 그 순간 예수님은 좋은 씨를 뿌리는 것으로 만족하셨다. 그리고 니고데모의 영혼이 수확될 날을 기다리셨다.

복음의 씨앗이 싹트는 순간

그로부터 약 2년 후에 니고데모가 다시 등장한다. 예수님과의 첫 만남은 그분의 공적 사역이 시작된 첫 해에 이루어졌다. 그 후 니고데모는 예수님의 공적 사역이 시작된 지 3년 즈음에 요한복음에 다시 등장한다. 예수님에 대한 논란이 점점 심해질 무렵이었다. 예수님이 누구신지와 관련하여 사람들의 견해가 엇갈렸고, 결국 그 논란은 예수님을 십자가에 못 박는 상황까지 이르게 했다.

이스라엘의 종교 지도자들은 예수님을 체포하려고 관원들을 보냈지만, 관원들은 빈손으로 돌아갔다. 예수님께 들은 말씀에 놀랐기 때문이다. 왜 예수를 붙잡아 오지 않았느냐는 질책에 그 관원들은 "그 사람이 말하는 것처럼 말한 사람은 이 때까지 없었나이다"라고(요 7:46) 대답했다. 말하자면 그들은 예수께서 제시하신 진리의 설득력에 놀랐다.

그러자 바리새인들이 "당국자들이나 바리새인 중에 그를 믿는 자가 있느냐"(48절)고 물었다. 사실 그들 중에는 예수님께 진지한 관심을 보인 사람이 있었다. 바로 니고데모였다. 그는 앞에 나서서 "우리 율법은 사람의 말을 듣고 그 행한 것을 알기 전에 심판하느냐"(51절)고 반문했다. 이것은 예수님을 공개적으로 고백한 것이 아니지만, 그분에 대한 반대를 가라앉히려는 의도를 담은 말인 것은 분명하다. 니고데모는 2년 전에 들었던 예수님의 말씀을 마음속 깊이 간직했던 것 같다. 그는 늦은 밤에 그분을 만나서 들었던 진리를 팽개치지 않았다. 거듭남과 구원 얻는 믿음의 필수성에 대한 주님의 가르침은 니고데모의 생각 속에 깊이 자리 잡고 있었다. 씨앗이 심겼고, 이제 그것이 싹트기 시작한 것이다.

복음의 씨를 심을 때, 우리는 그 씨의 성장이 우리에게 달려 있지 않다는 것을 안다. 바울은 이렇게 말했다. "나는 심었고 아볼로는 물을 주었으되 오직 하나님께서 자라나게 하셨나니 그런즉 심는 이나 물 주는 이는 아무 것도 아니로되 오직 자라게 하시는 이는 하나님뿐이니라"(고전 3:6-7). 니고데모의 경우에는, 그리스도께서 친히 심으셨고 성부 하나님께서 그분의 완벽한 타이밍에 싹트게 하셨다.

그늘 밖으로 걸어 나오다

예수님의 생애의 마지막 장면을 생각해 보라. 주님은 당시에 가장 큰 논란을 일으키고 가장 경멸받는 인물로 십자가에 못 박히셨다. 예수께서 너무나 위험한 인물로 낙인 찍히셨기 때문에 그가 체포당하신 후에는 제자들마저 그분의 일행이라는 것을 밝힐 수 없었다. 그 위험한 시기에 그들은 자신의 생명을 보존하고자 문을 걸어 잠그고 숨었다. 오직 요한과 예수님의 모친인 마리아를 비롯한 몇몇 신실한 여자들만이 십자가를 지시는 예수님의 마지막 순간에 그분 곁을 지켰다. 그 당시는 예수님을 따르는 사람을 로마 정부를 전복시키려는 반역자로 간주하던 위험한 때다.

그러나 두 명의 신자가 나서서 예수님의 시신을 장사하게 해 달라고 요청했다. 그들은 예수님을 정성껏 장사 지낼 생각이었다(요 19:38). 아리마대 요셉이 시신을 넘겨 달라고 요청했고, 빌라도가 허락했다. 이 위험한 일에 합류했던 또 한 사람이 다름 아닌 니고데모였다. 그리스도를 위한 신실한 헌신에서 그렇게 한 것이다. 이 영웅적인 행동은 요셉과 니고데모를 큰 위험에 노출시켰을 것이다. 나사렛 예수와 같은 공공의 적에게 충성을 표하는 것은 안전한 행동이 아니었다. 그럼에도 불구하고 그 두 사람은 담대히 나섰다. 예수 그리스도를 믿는 참신자였음이 분명하다.

　니고데모가 그리스도께 철저히 헌신했다고 보는 것이 합리적이다. 비록 명확히 기록되어 있지는 않지만, 그는 자신이 주 예수 그리스도께 속한 사람이라는 것을 분명하게 밝혔다. 예수님을 따르는 자가 되기 위해 선을 넘었음을 나타내는 증거를 보여 주었다. 그는 위험에 직면해서도 그리스도를 위한 고난을 기꺼이 각오했다. 빛을 미워했던 그가 그 빛을 사랑하는 쪽으로 전환되었다. 어둠 속의 삶에서 빛 가운데의 삶으로 돌이켰다. 그를 구원하기 위해 죽으신 분을 위해 생명의 위협마저 기꺼이 감수하려 했다.

긍정적인 결말

　영적으로 말하면, 니고데모는 예수님을 개인적으로 만난 이후 먼 길을 걸어왔다. 처음에 그는 예수님과 만나는 자신의 모습을 누가 볼까 봐 두려워했지만, 나중에는 그리스도를 위해 핍박과 순교마저 기꺼이 감수하려고 했다. 어떤 대가를 치르더라도 악한 세대 앞에서 자신이 예수께 속했다는 것을 기꺼이 밝히려 했다. 이것이 바로 구원 얻는 믿음이다. 자신을 지켜보는 세상 사람들 앞에서 예수님을 주와 구주로 고백하는 믿음이다. 구원 얻는 믿음은 결과에 아랑곳하지 않고 예수님에 대해 증언한다. 아무리 힘든 상황에서도 세상을 등지고 그리스도를 따른다. 구원 얻는 믿음은 어둠에서 나와 빛 가운데로 들어간다.

예수 그리스도 안의 새 생명

니고데모의 이 경험이 당신의 삶이기를 바란다. 당신의 개인적 상황이 그와 다를지라도, 거듭나는 것이 무엇인지 알게 되기를 기도한다. 당신이 하나님 나라에서 태어나길 바란다. 예수 그리스도를 당신의 구주와 주로 믿기를 바란다. 그러면 당신은 하나님의 가장 강력한 역사를 경험할 것이다.

만일 당신이 아직 위로부터 나지 않았다면, 당신의 삶에 그 일이 일어나도록 하나님께 간구하라. 그것은 하나님 나라에 들어가기 위해 필요한 마음의 변화다. 당신은 예수 그리스도 안에서 새 생명을 얻어야 한다.

당신이 거듭나는 것이 무엇인지를, 오직 하나님의 능력과 사랑으로 살아 있는 이적이 되는 것이 무엇인지를 알게 되기 바란다.

감사의 글

이 책은 여러 사람이 협력한 결과다. 그들에게 감사한다.

이 책의 출간을 독려했던, 내 아들 제임스 로슨.

원고 전체를 꾸준히 타이핑한, 레이첼 웹.

여러 차례에 걸쳐 원고를 읽고 도움이 되는 여러 내용을 추가했던, 내 딸이자 원패션의 사역 코디네이터인 그레이스 앤 빌즈.

이 원고를 편집한, 원패션 편집자 카리사 아렌드.

이 프로젝트의 가치를 알아본, 베이커 북스의 주필 브라이언 토마슨.

편집을 감독했던, 베이커 북스의 프로젝트 편집자 린드세이 스풀스트라.

멋진 표지를 디자인한, 베이커 북스의 아트 디렉터 패티 브링크스.

이 책의 보급 전략을 담당했던, 베이커 북스의 마케팅 부책임자 에린 스미스.

결혼 생활 내내 나를 지원해 주고 여러 해 동안 내 사역을 격려해 준, 내 아내 앤 로슨.

사명선언문

너희가 흠이 없고 순전하여……세상에서 그들 가운데 빛들로
나타내며 생명의 말씀을 밝혀 _ 빌 2:15-16

1. 생명을 담겠습니다
만드는 책에 주님 주신 생명을 담겠습니다.
그 책으로 복음을 선포하겠습니다.

2. 말씀을 밝히겠습니다
생명의 근본은 말씀입니다.
말씀을 밝혀 성도와 교회의 성장을 돕겠습니다.

3. 빛이 되겠습니다
시대와 영혼의 어두움을 밝혀 주님 앞으로 이끄는
빛이 되는 책을 만들겠습니다.

4. 순전히 행하겠습니다
책을 만들고 전하는 일과 경영하는 일에 부끄러움이 없는
정직함으로 행하겠습니다.

5. 끝까지 전파하겠습니다
모든 사람에게, 땅 끝까지, 주님 오시는 그날까지
복음을 전하는 사명을 다하겠습니다.

서점 안내

광화문점 서울시 종로구 새문안로 69 구세군회관 1층
02)737-2288 / 02)737-4623(F)

강남점 서울시 서초구 신반포로 177 반포쇼핑타운 3동 2층
02)595-1211 / 02)595-3549(F)

구로점 서울시 동작구 시흥대로 602, 3층 302호
02)858-8744 / 02)838-0653(F)

노원점 서울시 노원구 동일로 1366 삼봉빌딩 지하 1층
02)938-7979 / 02)3391-6169(F)

일산점 경기도 고양시 일산서구 중앙로 1391 레이크타운 지하 1층
031)916-8787 / 031)916-8788(F)

의정부점 경기도 의정부시 청사로47번길 12 성산타워 3층
031)845-0600 / 031)852-6930(F)

인터넷서점 www.lifebook.co.kr